Über dieses Buch



Hallo, Sie! Ja, Sie sind gemeint!

Sind Sie eine Power-Frau von heute? Ganz up-to-date, modern, aktiv und aufgeschlossen? Genießen Sie es auch gelegentlich, sich einmal schön gruseln zu lassen? Dann sind Sie hier richtig! Die Gruselgeschichte ist so alt wie das Lagerfeuer und die Angst vor der Dunkelheit. Und immer schon haben Frauen solche Geschichten erzählt (keineswegs etwa nur Männer). In diesem Buch wollen unsere Autorinnen Ihnen das Gruseln beibringen, mit Pfiff, Ironie, Ideenreichtum, in knappem, modernem Stil oder mit klassisch sorgfältig aufgebauter Atmosphäre. Sie werden von teuflischen Gemeinheiten erfahren, von Vampiren und Zauberei, aber auch davon, daß letztlich das einzig wahre Monster auf dieser Welt der Mensch selbst ist. Uns hat die Auswahl dieser Geschichten viel Spaß gemacht, und den haben Sie hoffentlich beim Lesen!

# Dreizehn Teufelsweiber

Eingeladen von Birgit und Uwe Luserke

Deutscher
Taschenbuch
Verlag

Originalausgabe
Mai 1994
Deutscher Taschenbuch Verlag GmbH & Co. KG,
München

(Siehe auch Quellenhinweise S. 212 ff.)
Die Erzählungen wurden ins Deutsche übertragen
von Susanne Aeckerle, Angelika Felenda, Stefanie Gehrke,
Dagmar Hartmann, Katrine von Hutten, Birgit Luserke,
Uta McKechneay und Anne Vogt.
Umschlagtypographie: Celestino Piatti
Umschlagbild: Rotraut Susanne Berner
Satz: KCS GmbH, Buchholz/Hamburg
Druck und Bindung: C. H. Beck'sche Buchdruckerei,
Nördlingen
Printed in Germany · ISBN 3-423-11900-4

Inhalt

## Lisa Tuttle
# Salamitaktik

Am Morgen, nachdem Ralph sie verlassen hatte, fand Fay einen Fuß in ihrem Bett.

Es war Ralphs Fuß, aber wie konnte er ihn zurückgelassen haben? Was hatte das zu bedeuten? Sie setzte sich auf die Bettkante, drehte den Fuß in ihren Händen hin und her und betrachtete ihn eingehend. Es war ein langer, blasser, schmaler und durchaus eleganter Fuß. Am oberen Ende, wo man eigentlich den Knöchel erwarten durfte, endete er mit einer lichten, hautbedeckten Einbuchtung. Es war kein Blut zu sehen oder offenes Fleisch oder Knochen oder Narbengewebe, genausowenig wie Hühneraugen und entzündete Ballen, überlange Nägel oder Schmutz. Ralph war ein Mann, der seine Füße pflegte.

Wie er so in ihrer Hand lag, fühlte er sich so lebendig an, wie sich ein bewegungsloser Fuß anfühlen kann. So unmöglich ihr das alles erschien, hielt sie es doch für Wirklichkeit. Ralph war kein Typ, der dumme Streiche spielte, und doch – ein Fuß war nichts, was man so einfach unbemerkt zurückließ. Sie fragte sich, wie er es fertigbrachte, auf nur einem Fuß herumzuhüpfen. Sollte das eine Botschaft sein? So eine obskure Art von Trost, weil sie sich nach seinem Weggang fühlte, als habe sie ein Stück ihrer selbst verloren?

Er hatte ihr klargemacht, daß er nichts mehr mit ihr zu tun haben wollte. Sein Abschied hatte entschieden endgültig geklungen. Aber vielleicht würde er sich mit ihr in Verbindung setzen, wenn ihm bewußt wurde, daß sie noch etwas von ihm besaß. Obwohl ihr klar war, daß sie eigentlich versuchen sollte, ihn zu vergessen, empfand sie eine gewisse Dankbarkeit für dieses unerwartete Geschenk. Sie wickelte den Fuß in einen Seidenschal und legte ihn in die unterste Schublade ihrer Kommode, um ihn für Ralph aufzubewahren.

Zwei Tage später fand sie beim Aufräumen im Schlafzimmer unter dem Bett seinen anderen Fuß. Sie mußte erst mal in der Kommode nachsehen, um sicherzugehen, daß nicht der zuerst gefundene Fuß auf Wanderschaft gegangen war. Aber nein, er lag noch dort, wo sie ihn hingelegt hatte – ein rechter Fuß, und jetzt hielt sie den linken dazu in der Hand. So wickelte sie beide zusammen in den weißen Seidenschal ein und räumte sie weg.

Die Zeit verging, und Ralph meldete sich nicht. Fay wußte von Freunden, daß er sich noch in der Gegend aufhielt, aber da sie nichts in der Richtung hörte, er sei jetzt verkrüppelt, fragte sie sich, ob die Füße vielleicht eine Art Halluzination gewesen seien. Sie wollte immer in der Kommode nachsehen, aber irgendwie vergaß sie es stets.

Ihre Beziehung mit Ralph war ernst gewesen und hatte für sie beide eine sehr tiefe Bedeutung gehabt, solange sie eben hielt. Bei Freddy war ihr dagegen von Anfang an klar, daß sie darauf nicht hoffen konnte. Fay war ein verantwortungsbewußter Mensch. Sie war der Meinung, der Geschlechtsakt sollte ein Ausdruck von Liebe und gegenseitiger Hingabe sein. Sie verabscheute schon den Gedanken an seelenlosen Gelegenheitssex – aber sie hatte bereits sechs Monate lang keinen Mann mehr im Bett gehabt, und Freddy war unwiderstehlich.

Er hatte etwas Warmes, Kuscheliges und Freundliches: der perfekte Teddybär. Sie kannte ihn erst wenige Minuten, da dachte sie bereits daran, mit ihm zu schlafen. Wobei er in ihr eher die Assoziation von Gemütlichkeit und Behaglichkeit im Bett heraufbeschwor als die von Leidenschaft. Genauso passiv wie ein Teddybär ließ er sich von ihr abschleppen. Sie traf ihn mit Freunden in einer Kneipe, und er bot ihr seine Begleitung auf dem Heimweg an. Vor ihrer Tür umarmte er sie. Er küßte und betatschte sie nicht; er umarmte sie einfach nur auf eine warme, freundliche Art, doch sie blieb länger in seinen

Armen und erwiderte die Umarmung fester als unter Freunden notwendig.

»Mmmm«, meinte er in Anerkennung der Tatsachen, wobei er mit strahlenden Knopfaugen auf sie herunterlächelte, »das könnte ich die ganze Nacht lang tun.«

»Gute Idee«, erwiderte sie.

Nachdem sie sich geliebt hatten, verglich sie ihn eher mit einer Katze denn mit einem Teddybär. Er bewegte sich auf so sinnliche Art, rieb seinen Körper an ihrem und reagierte auf die leiseste Berührung; sie konnte ihn schon fast schnurren hören. Andere katzentypische Eigenschaften, die sie erst bemerkte, als sie ihn etwas länger kannte, wirkten auf sie weniger anziehend. Wie eine Katze war er total selbstbezogen, von Natur aus faul, und obwohl sie ihn weiterhin im Bett genoß, wünschte sie sich manchmal, er würde mehr Wert darauf legen, *ihre* Lust zu fördern, anstatt anzunehmen, sein Vergnügen reiche in jedem Fall für sie beide. Er schien von ihr zu erwarten, daß sie sich freute, wann immer er auch zum Essen auftauchte, selbst wenn er sofort danach am Kamin einschlief. Und – wie viele Katzen – hatte er mehr als ein Zuhause.

Als sie von seinem anderen Zuhause erfuhr, die tränenerstickte Stimme dieser anderen Frau am Telefon hörte, entschloß sie sich, ihre Beziehung zu beenden. Es sei nicht so, sagte sie ihm, daß sie ihn ganz für sich allein haben wolle. Aber sie wollte nicht für den Kummer einer anderen Frau verantwortlich sein.

Er verstand ihre Gefühle. Es sei seine Schuld, und sie habe recht. Er verhielt sich reumütig, zeigte, wie leid es ihm tat, und war absolut unfähig, sich zu ändern. Aber sie werde ihm sehr fehlen. Er umarmte sie freundlich, bevor sie voneinander schieden, aber sobald sie mit dem Umarmen angefangen hatten, war es sehr schwer, damit wieder aufzuhören, und so fielen sie erneut miteinander ins Bett.

Das mußte allerdings ein Ende haben. Sie wußte, daß

sie strenger mit ihm sein konnte, wenn sie ihm nicht gegenüberstand, sondern ihn nur am Telefon hatte, und so sagte sie ihm, er dürfe sie nur dann besuchen, wenn sie ihn eingeladen hatte. Traurig stimmte er zu.

Und das war's dann auch. Als sie ins Schlafzimmer zurückging, sah sie, daß ihr Federbett zerwühlt war, als liege immer noch jemand im Bett. Das ließ sie schaudern. Wenn sie ihn nicht gerade an die Tür gebracht und diese hinter ihm geschlossen hätte, hätte sie fast meinen können... Um diesem traurigen Unsinn ein Ende zu bereiten, zog sie die Bettdecke weg, und da lag er.

Oder wenigstens ein Teil von ihm.

Auf dem Bett lag ein kopfloser, halsloser, armloser, beinloser Torso. Oder zumindest dessen Rückseite. Wie Ralphs Füße wirkte er überhaupt nicht unästhetisch; es war kein Blut zu sehen und keine klaffenden Wunden. Falls man die totale Unmöglichkeit einmal außer acht ließ, war Freddys Rücken ganz in Ordnung. Er sah aus wie der Körper, den sie noch vor Minuten in den Armen gehalten hatte, und er fühlte sich...

Versuchsweise streckte sie die Hand aus und berührte ihn. Er war warm und glatt, und sein festes Fleisch gab genauso nach wie lebendiges. Sie konnte der Versuchung nicht widerstehen und streichelte ihn so, wie er es gern hatte, spielte mit den Fingernägeln auf seiner Haut und rief damit eine Gänsehaut hervor, fuhr mit den Fingerspitzen die Linie seiner Wirbelsäule von oben bis unten nach – bis über die Hinterbacken, wo der Torso endete.

Sie zog erschrocken ihre Hand zurück. Was war das nun wieder? Es schien absolut wie ein Teil von Freddy, aber wie konnte das sein, da sie ihn doch vor wenigen Minuten aus der Tür hatte gehen sehen, und da war er noch mit allen Körperteilen ausgerüstet gewesen. Konnte es möglich sein, daß jetzt sein Pullover und seine Jeans nur noch mit Luft gefüllt waren?

Sie setzte sich, packte den Torso dort, wo die Schultern in glatten, fleischigen Aushöhlungen endeten, und wuchtete ihn herum. Die Brust entsprach ihrer Erinnerung. Brustwarzen in Babyrosa lugten zwischen honigfarbenen Haaren hervor, doch unter dem flachen Bauch ging es genauso glatt weiter. Die Geschlechtsorgane fehlten, fehlten derart vollständig und endgültig, als habe die Natur nie an derartiges gedacht. Ihr drehte sich vor Schreck der Magen fast um. Allerdings fragte sie sich bereits einen Augenblick später, warum das Fehlen dieser Organe eigentlich soviel schockierender sein sollte als das Fehlen seines Kopfes, das sie relativ ruhig hingenommen hatte. Schließlich war dies nicht der wirkliche Freddy, sondern nur ein Teil der Erinnerung an seinen Körper, der auf unerklärliche Art zur Wirklichkeit geworden war.

Sie ging hinüber zur Kommode und hockte sich vor die unterste Schublade. Ja, sie waren noch da. Sie schienen weder verwest noch verblaßt, noch irgendwie sonst verändert. Sie schlug den Seidenschal zurück, blickte die nackten Füße an, und ihr wurde klar, daß sich ihre Gefühle Ralph gegenüber geändert hatten. Sie war unglücklich gewesen, als er sie verlassen hatte, aber auch – obwohl sie das sich selbst gegenüber nicht zugegeben hatte – wütend auf ihn. Und die Wut war nun verraucht. Die Bitterkeit war weg, und sie empfand jetzt Zärtlichkeit, als sie seine Füße streichelte und sich an die schöne Zeit mit ihm erinnerte. Schließlich aber wickelte sie die Füße wieder ein und legte sie mit einem Seufzer, in dem sich Zuneigung und Bedauern mischten, an ihren Platz zurück. Dann wandte sie sich wieder ihrem momentanen Problem zu, was sie nämlich mit dem von Freddy zurückgelassenen Teil anfangen sollte.

Einen Augenblick lang dachte sie daran, ihn einfach im Bett liegenzulassen. Es war immer so schön gewesen, neben ihm zu schlafen… Aber nein. Sie mußte konsequent bleiben. Sie konnte nicht mit einem Teil von Freddy schlafen, wenn es ihr schon nicht gereicht hatte, daß Freddy nur einen Teil seiner Zeit mit ihr verbracht hatte. Sie konnte ihr Leben nicht einfach so weiterführen, und sie könnte dann auch nicht wagen, jemals jemand anderen mit nach Hause zu bringen.

Er mußte in den Kleiderschrank. Die einzige weitere Möglichkeit wäre der Abstellraum, den man vom Flur aus öffnen konnte, und der war kalt und roch irgendwie feucht. Und so wickelte sie Freddys Torso in ihren besten seidenen Morgenmantel, band den Gürtel fest darum und verstaute ihn hinter ihren Kleidern im Schrank.

Freddy rief in der darauffolgenden Woche an. Er erwähnte nichts davon, daß er außer ihr noch etwas vermißte, und beinahe hätte sie ihm erzählt, sie habe seinen Torso in ihrem Bett gefunden. Aber wie konnte sie? Hätte sie es ihm erzählt, wäre er auf jeden Fall hergekommen, um sich das anzusehen, und dann hätte sie bestimmt ihr Verhältnis mit ihm fortgesetzt. Genau das wollte sie doch schließlich vermeiden, oder? Sie zögerte und fragte ihn dann, ob er noch immer bei Matilda wohne.

»Ach, mehr oder weniger«, sagte er. »Ja.«

So sagte sie ihm nichts. Sie bemühte sich, ihn zu vergessen, und hoffte darauf, jemanden anderes kennenzulernen, jemanden, der den männergroßen Hohlraum in ihrem Leben ausfüllen würde.

Mittlerweile rief Freddy sie jede Woche einmal an. Es waren freundschaftliche Anrufe, denn er wollte mit ihr befreundet bleiben. Nach einer Weile entnahm sie seinen Bemerkungen, daß er sich wieder mit einer anderen traf, daß er wieder bei zwei verschiedenen Frauen zu Hause war. Wie immer widerstand sie der Versuchung, ihn zu sich einzuladen, aber an diesem Abend fühlte sie sich wahnsinnig verlassen.

Zum ersten Mal, seit sie ihn verstaut hatte, nahm sie seinen Körper aus dem Schrank. Sie zitterte ein wenig, schämte sich auch ihrer selbst, aber sie nahm ihn mit ins Bett. Sie wollte sich an jemandem festhalten. Der Körper fühlte sich wie Freddy an, warm und solide und glatt zur gleichen Zeit; er roch sogar nach ihm, wenn auch jetzt vom schwachen Duft ihres Parfüms überlagert, der in ihren Kleidern gehangen hatte. Sie hielt ihn eine Zeitlang in ihren Armen, aber das Fehlen der Arme und des Kopfes war doch zu absonderlich. Sie fand aber heraus, daß, wenn sie Rücken an Rücken mit ihm dalag und die Beine anzog, sie das Fehlen seiner Beine nicht fühlte und es beinahe war, als liege sie mit Freddy im Bett.

In dieser Nacht schlief sie gut, besser jedenfalls als in den Wochen zuvor. »Mein Teddybär«, murmelte sie, als sie ihn am Morgen wieder wegpackte. Es war, als besitze sie eine Geheimwaffe. Das angenehme Gefühl, nachts einen warmen Körper neben sich im Bett zu haben, entspannte sie und verlieh ihr mehr Selbstvertrauen. Sie fühlte keinen Drang mehr, Freddy zu sich einzuladen, und wenn er anrief, war es leicht, unverbindlich mit ihm zu reden, als seien sie immer nur Freunde gewesen. Und jetzt, wo sie nicht mehr auf der Suche war, schienen plötzlich mehr Männer als vorher um sie herum zu sein.

Einer von ihnen, Paul, der in der gleichen Firma wie sie arbeitete, aber in einer anderen Abteilung, lud sie eines Abends ein. In letzter Zeit war sie ihm ständig begegnet, und er schien eine Menge in ihrem Teil des Gebäudes zu tun zu haben, aber ihr war überhaupt nicht aufgefallen, daß dies kein Zufall sein konnte, bis er sie fragte, ob sie Samstag abend etwas vorhabe. Danach schien sein Interesse an ihr so offensichtlich, daß sie sich fragte, warum ihr das nicht schon früher aufgefallen war.

Der Hauptgrund dafür war wohl, daß sie sich nicht für ihn interessierte. Sie fühlte instinktiv: Er paßte nicht zu ihr. Sie hatten zu wenig gemein miteinander. Doch sein unerwartetes Interesse schmeichelte ihr und ließ ihn für sie attraktiver erscheinen, und so willigte sie ein, mit ihm auszugehen.

Es war ein Fehler, dachte sie unruhig, als der Samstagabend herankam und Paul sie in ein sehr teures Restaurant führte. Er war sicher nicht unintelligent und sah auch gewiß nicht schlecht aus, aber er war ihr etwas zu geschniegelt und humorlos. Er interessierte sich für Geld, Autos, Computer – und für sie. Er kleidete sich gut, und er sagte die richtigen Dinge, aber sie konnte sich des Gedankens nicht erwehren, er habe das alles aus Büchern gelernt. Er ging entsetzlich klar auf sein Ziel los, was eindeutig darin bestand, sie zu verführen, was sie wiederum nervös machte. Sie verbrachte einen Teil des Abends damit, Ausreden zu erfinden, damit sie ihn nicht zum Kaffee einladen mußte, wenn er sie heimbrachte. Es half nichts; als es soweit war, lud er sich selbst ein.

Sie wußte, es war nicht fair, Vergleiche anzustellen, doch Paul war das genaue Gegenteil von Freddy. Während Freddy sich einfach hinsetzte und gelassen darauf wartete, daß sie ihn streichelte, schob sich Paul immer näher an sie heran und bemühte sich, auf ihren Schoß zu krabbeln. Und er hatte überall seine Hände. Vom Beginn des Abends an war er ihr zu nahe gekommen, war zu dicht neben ihr hergelaufen, und ihr gefiel seine Art nicht, wie er sie so selbstverständlich berührte, als unterstreiche er seinen körperlichen Anspruch auf sie.

Die nächste Stunde über wehrte sie ihn noch ab. Es war ein wortloses Gefecht, und keiner von beiden gab zu, etwas davon zu bemerken. Als er ging, hatte sie nicht mehr genug Energie, um sich gegen eine Wiederholung am kommenden Wochenende zur Wehr zu setzen.

Sie gingen ins Theater und danach zu ihm heim – er sagte, er wolle ihr seinen Computer zeigen. Sie erwartete ein neues wortloses Gefecht, doch er benahm sich wie ein vollendeter Gentleman. So fühlte sie sich sicherer und stimmte einem dritten Treffen zu. Dann trank sie zuviel, ihre Hemmungen schmolzen dahin, sie war zu müde, um seinen ständigen Annäherungsversuchen zu widerstehen, und so nahm sie ihn schließlich mit ins Bett.

Sex mit ihm war nicht gerade überwältigend, jedenfalls für sie, aber zweifellos würde es besser klappen, wenn sie sich erst einmal besser kannten, dachte sie, und sie erlaubte sich ein paar bescheidene Vorstellungen in bezug auf die Zukunft. Sie konzentrierte sich dabei auf die Eigenschaften an ihm, von denen sie sich einbildete, sie zu mögen, als er sagte, er müsse jetzt gehen.

Der Mann, der vorher leidenschaftlich über sie hergefallen war, war nun mit einem Mal kühl und abweisend, ja beinahe unhöflich in seiner plötzlichen Eile. Sie bemühte sich, Entschuldigungen für sein Verhalten zu finden, aber als er weg war und sie entdeckte, daß sich seine Hände noch in ihrem Bett befanden, wurde ihr klar, daß er nicht vorhatte, zurückzukehren.

Die Hände lagen geborgen unter einem Kissen wie ein paar Krabben in einer Muschel. Sie schauderte, als sie ihrer gewahr wurde, schrie und warf ihre Schuhe nach ihnen. Die linke Hand zuckte, als sie getroffen wurde, aber ansonsten bewegten sie sich nicht. Wie konnte er es wagen, seine Hände zurückzulassen! Sie wollte absolut durch nichts an ihn erinnert werden! Sie hatte sich gewiß nicht in ihn verliebt.

Fay sah sich um, ob sie etwas anderes zum Werfen fand, und schämte sich dann ihrer selbst. Paul war ein widerlicher Kerl, aber das mußte sie ja nicht an seinen Händen auslassen. Sie hatten sie nicht verletzt, sondern sich im Gegenteil bemüht, ihr Vergnügen zu bereiten. Vielleicht hätten sie auch Erfolg gehabt, doch ihr Eigentümer hatte ihr eben nicht genug gefallen.

Aber so war das eben – sie gab zu, kein Bedauern darüber zu empfinden, daß er nicht zurückkehren würde –, also warum saß sie nun mit seinen Händen da? Sie konnte sie wohl kaum zurückgeben. Sie stellte sich bereits vor, wie er sie an ihrer Arbeitsstelle meiden würde, und sie würde ganz gewiß nicht dazu beitragen, seine Einbildung noch zu vergrößern, indem sie ihm hinterherlief. Aber es schien auch nicht möglich zu sein, sie einfach wegzuwerfen.

Sie fand eine Schuhschachtel, in die sie hineinpaßten. Sie hielt es nicht für notwendig, sie einzuwickeln. Dann verstaute sie die Schachtel außer Sicht ganz oben auf ihrem Küchenschrank zwischen den gesprungenen Tellern, überzähligen Untertassen und leeren Marmeladengläsern, die sie aufhob, weil sie ja eines Tages nützlich sein konnten.

Die Hände änderten ihre Meinung in bezug auf die Geschehnisse der letzten Zeit. Sie war in Ralph verliebt gewesen, und trotz all ihrer Versuche, das abzuleugnen, auch in Freddy, und sie hatte beide nicht gehen lassen wollen. Für sie ergab es einen Sinn, daß beide ein Stück von sich bei ihr zurückgelassen hatten, aber bei Paul war das etwas ganz anderes. Sie weigerte sich absolut, zu glauben, daß ihr Unterbewußtsein für die Hände auf dem Küchenschrank verantwortlich sei.

Aber wenn nicht ihr Unterbewußtsein, was dann? Lag es am Bett? Sie stand im Schlafzimmer und betrachtete es, wobei sie versuchte, irgend etwas Übernatürliches an der Markenmatratze oder dem neuen Kiefernholzrahmen zu entdecken. Sie hatte dieses Bett an sich für Ralph gekauft, der sich bei ihren Treffs so über ihren Futon beklagt hatte – er sei nicht nur zu kurz, sondern auch schlecht für seinen Rücken. Er hatte ihr erzählt, Kiefernholzbetten seien gut und billig dazu, und obwohl sie seine Preisvorstellungen nicht teilte, hatte sie doch eines gekauft. Es war der teuerste Einrichtungsgegenstand, den sie besaß. Lag irgendwie ein Fluch auf ihm?

Sie konnte vielleicht einen Test machen: Freunde zum Übernachten einladen ... Würde jeder Mann, der in diesem Bett Sex hatte, einen Teil von sich selbst zurücklassen, oder nur diejenigen, die dort mit ihr schliefen? Nur beim letzten Mal? Aber woher wußte das Bett Bescheid? Wie konnte es Bescheid wissen, wo doch nicht einmal sie selbst wußte, daß die Beziehung vorüber war? Was geschah, wenn sie Paul zurücklockte? Würde dann beim Abschied ein anderer Körperteil von ihm zurückbleiben? Oder würden die Hände verschwinden?

Kaum hatte sie diesen Gedanken formuliert, wußte sie, daß sie es herausfinden mußte. Sie bemühte sich, das Vorhaben zu vergessen, aber das klappte nicht. Tage vergingen, und Paul meldete sich nicht. Er mied sie am Arbeitsplatz – das hatte sie ja auch erwartet –, und sie sagte sich, sie sollte ihn besser ziehen lassen. Um so besser. Ihm nachzulaufen wäre doch demütigend. Sie war ja schließlich noch nicht einmal in ihn verliebt.

Sie schalt sich eine dumme Kuh, aber der Zufall und ihre Arbeit führten sie immer wieder in den Teil des Gebäudes, wo er arbeitete. Als er gezwungenermaßen mit ihr sprach, war er sehr höflich und kam ihr nicht zu nahe. Er redete mit ihr, als hätten sie sich niemals außerhalb der Arbeitszeit getroffen, als habe er von ihr als Frau gar keine Notiz genommen. Eine Stunde später beobachtete sie ihn, wie er sich vertraulich über eine der neueren Sekretärinnen beugte und mit der Hand ihre Hüfte berührte.

Eifersucht und Enttäuschung durchfuhren sie. Kein Wunder, daß sie seine Aufmerksamkeit nicht mehr erregen konnte; er hatte sich bereits einem neuen Opfer zugewandt.

Eine weitere Woche verging. Sie gab sich aber nicht geschlagen. Sie rief ihn an und lud ihn zum Abendessen ein. Er behauptete, er hätte am Wochenende jetzt immer so schrecklich viel vor. So schlug sie einen Abend unter der Woche vor. Er zögerte – überrascht von ihrer Hartnäckigkeit? Verächtlich? Geschmeichelt? Und dann sagte er, daß er, um ehrlich zu sein, eine andere Freundin habe. Voller Verachtung für sich selbst sagte Fay leichthin, daß sie ihn verstehe. Sie sagte, auch sie habe seit langem eine feste Beziehung, aber ihr Freund sei schon ein paar Monate im Ausland und abends sei es eben sehr langweilig und einsam. Es habe ihr mit Paul soviel Spaß gemacht, daß sie halt gehofft hätte, sie könnten mal wieder zusammenkommen; das sei alles.

Das änderte offensichtlich die Lage. Er meinte, er fürchte, ein Abendessen nicht schaffen zu können, aber wenn sie wollte, könne er später abends vorbeikommen – vielleicht am nächsten Tag gegen zehn?

Er fiel über sie her, kaum daß er durch die Tür war. Sie bemühte sich, ihn mit einem Drink abzulenken, aber er schien das Angebot gar nicht zu hören. Die Hände waren überall. Er grabschte, streichelte, forschte – seine Hände waren so wirklich wie vorher.

»Warte, warte doch«, sagte sie und lachte dabei, obwohl ihr nicht nach Lachen zumute war. »Können wir uns nicht ... unterhalten?«

Er hielt inne, den Arm um ihre Taille geschlungen, und sah auf sie herab. Er war größer, als sie ihn in Erinnerung hatte. »Wir hätten uns ja am Telefon unterhalten können.«

»Ich weiß, aber ...«

»Gibt es etwas, worüber wir sprechen müßten?«

»Also, nein, eigentlich nichts Besonderes, aber ...«

»Hast du mich eingeladen, um dich mit mir zu unterhalten? Habe ich dich mißverstanden?«

»Nein.«

»Gut.« Sein Mund senkte sich feucht und alles verschlingend auf den ihren, und sie gab nach.

Aber nicht auf der Couch, dachte sie ein paar Minuten später.

»Laß uns ins Bett«, keuchte sie und riß sich los. »Ins Schlafzimmer.«

»Gute Idee.«

Aber ihr erschien es keine gute Idee mehr. Während sie zusah, wie er sich auszog, wurde ihr klar, daß es vielleicht die schlechteste Idee gewesen war, die sie jemals gehabt hatte. Sie wollte ihn nicht wieder in ihrem Bett haben; sie wollte keinen Sex mit ihm. Wie konnte sie auch nur einen Augenblick lang vorgehabt haben, aus einem solch kaltschnäuzigen Grund mit einem Mann ins Bett zu gehen?

»Ich dachte, du hättest es eilig«, sagte er. »Zieh dich aus.«

Bereits nackt, griff er nach ihr.

Sie zuckte zurück. »Tut mir leid, ich hätte dich nicht anrufen sollen, es, es tut mir wirklich –«

»Du mußt dich nicht entschuldigen. Es ist sehr sexy, wenn eine Frau weiß, was sie will, und danach verlangt.« Er hatte schon vorher ihre Bluse aufgeknöpft und ihren Büstenhalter geöffnet, und nun versuchte er, beides zu entfernen. Sie bemühte sich, ihn davon abzuhalten, aber er hielt ihre Handgelenke fest.

»Es war ein Fehler! Ich will nicht. Du mußt gehen!«

»Was du nicht sagst.«

»Tut mir leid, Paul, aber ich meine es ernst.«

Er lächelte humorlos. »Das heißt, du möchtest, daß ich dich dazu zwinge.«

»Nein!«

Er drückte sie auf das Bett, zog ihr trotz aller Gegenwehr den Rock aus und zerfetzte dann ihre Strumpfhosen.

»Hör auf damit!«

»Ich hätte nicht gedacht, daß du auf so was stehst«, meinte er.

»Tu ich nicht! Ich sage die Wahrheit! Ich will keinen Sex. Ich will, daß du gehst!« Ihre Stimme schwankte total. »Schau mal, es tut mir leid, es tut mir wirklich leid, aber ich kann nicht. Nicht jetzt.« Tränen rannen ihr aus den Augen. »Bitte. Du verstehst das nicht. Das ist kein Spiel.« Sie war mittlerweile völlig nackt, und er lag ebenso nackt auf ihr.

»Das *ist* ein Spiel«, sagte er ruhig. »Und ich verstehe durchaus. Du bist mir wochenlang hinterhergelaufen. Ich weiß, was du willst. Vor einer Minute hast du darum gebettelt, daß ich mit dir ins Bett gehe. Jetzt schämst du dich. Du willst, daß ich dich dazu zwinge. Ich will dir keine Gewalt antun, aber wenn es sein muß...«

»Nein.«

»Du entscheidest«, sagte er. »Entweder du gibst dich freiwillig hin, oder ich nehme dich. So einfach ist das.«

Sie hatte nie angenommen, daß eine Vergewaltigung so simpel vonstatten gehen könne. Sie biß in einen der Arme, die sie gefangenhielten. Er klebte ihr eine.

»Ich habe es dir doch gesagt«, wiederholte er. »Entweder du gibst dich hin, oder ich nehme dich. So einfach ist das wirklich. Du hast die Wahl.«

Sie war durch seine Kraft eingeschüchtert und sah keinen anderen Weg, als nachzugeben.

Hinterher war sie nicht überrascht davon, was er im Bett zurückgelassen hatte. Was hätte es auch sonst sein können? Es war genau, was er verdient hatte.

Es war häßlich, doch auf eine gewisse Art auch anziehend, wie es da in eine Falte der Bettdecke gekuschelt lag. Es erinnerte sie daran, wie sie als Teenager Stoffpuppen gesammelt hatte. Sie hatte sie über ihrem Bett in Reih und Glied aufgestellt. Das hätte eine davon sein können: vielleicht ein knautschiger Elefantenkopf mit einem fetten Rüssel. Sie betrachtete es lange, während sie schlaff auf ihrer Seite des Bettes lag, erschöpft und emotionell ausgebrannt, weder fähig aufzustehen noch einzuschlafen. Sie sagte sich, sie müsse es loswerden, sie sollte ihre Aggressionen daran auslassen, es zerschneiden oder zumindest wegwerfen und die Hände sowie den Rest dieses unerwünschten Abfalls gleich mit. Aber es fiel ihr schwer, dieses stoffpuppenähnliche Ding mit Paul und dem, was er ihr angetan hatte, in Verbindung zu bringen. Es wurde ihr bewußt, daß sie seine Genitalien kaum mehr als einen Augenblick lang gesehen hatte. So konnte sie jetzt kaum glauben, daß dieses schlaffe Gebilde etwas mit ihrer Vergewaltigung zu tun haben sollte. Je länger sie hinsah, desto weniger konnte sie glauben, daß es von diesem schrecklichen Mann stammte. Auch »es« war von ihm mißbraucht worden. Und jetzt gehörte es ihr und nicht mehr ihm. Klar, Paul hatte dabei eine Rolle gespielt, aber dieser Satz Genitalien war ein Geschöpf des Bettes und ihrer Lust; es war eine ganz neue Sache.

Schließlich fielen ihr dann doch die Augen zu. Als sie sie am Morgen wieder aufschlug, war es für sie, als begrüße sie einen alten Freund. Sie würde nichts wegwerfen. Sie hüllte es in einen Kopfkissenbezug und legte das

Päckchen zwischen die Schals und Pullover auf das oberste Regalbrett ihres Kleiderschranks.

Sie entschloß sich, mit ihrer Vergangenheit abzuschließen. Sie dachte nicht mehr an Paul oder Ralph und nicht einmal an Freddy. Obwohl sie die meisten Nächte über neben Freddys Körper schlief, gehörte auch das zu ihrem neuen Leben und berührte sie gefühlsmäßig nicht mehr, als unter der Bettdecke oder der elektrischen Heizdecke zu liegen. Freddys Körper gehörte nicht mehr ihm, sondern ihr.

Die einzigen Männer in ihrem jetzigen Leben waren lediglich Freunde. Sie suchte keine neue Liebe und dachte auch nur selten an Sex. Wenn sie männliche Gesellschaft brauchte, gab es Christopher, einen alten Schulkameraden, oder ihren Wohnungsnachbarn Marcus oder halt Freddy. Sie unterhielten sich immer noch öfters am Telefon und trafen sich gelegentlich mal in der Stadt auf einen Drink oder zum Essen, aber eingeladen hatte sie ihn seither nicht wieder. So überraschte es sie total, als es eines Abends an der Tür klingelte und Freddy draußen stand.

Er wirkte verlegen. »Tut mir leid«, sagte er. »Ich weiß, ich hätte erst anrufen sollen, aber ich habe keine funktionierende Telefonzelle gefunden und ... ich hoffe, es macht dir nichts aus. Ich brauche jemanden zum Reden. Matilda hat mich rausgeworfen.«

Und, wie sich herausstellte, nicht nur Matilda, sondern auch die andere Neue. Er schüttete sein Herz aus, und sie machte Abendessen, und sie tranken Wein und unterhielten sich stundenlang.

»Hast du irgendeinen Platz zum Übernachten?« fragte sie schließlich.

»Ich kann zu meiner Schwester gehen. Dort bin ich sowieso ziemlich oft. Sie hat ein Gästezimmer – ich habe sogar einen eigenen Wohnungsschlüssel. Aber –« Er sah sie an wie früher, leidenschaftlich, aber ohne etwas zu fordern. »Äh, Fay, ich hatte gehofft, ich könnte vielleicht heute nacht bei dir bleiben.«

Sie stellte fest, daß er immer noch unwiderstehlich war.

Ihr letzter Gedanke vor dem Einschlafen war, was für ein eigenartiges Gefühl es doch sei, neben jemandem zu schlafen, der Arme und Beine hatte.

Am Morgen wurde sie gerade ausreichend wach, um seinen Kuß zu fühlen, aber es war ihr nicht klar, daß es ein Abschiedskuß war, da sie immer noch seine Beine an den ihren spürte.

Aber der übrige Rest seines Körpers war weg und diesmal vielleicht endgültig, das wurde ihr klar, als sie schließlich vollständig erwacht war. Für einen Mann mit solch glatter, weicher Haut hatte er ausgesprochen haarige Beine, dachte sie, während sie auf dem Bett saß und die unbefestigten Gliedmaßen musterte. Und für eine Frau, die gerade wieder einmal benutzt und verlassen worden war, hatte sie verdammt gute Laune.

Sie holte Ralphs Füße aus dem Schubfach – sie waren viel schmaler und eleganter als die Freddys – und drückte kichernd den rechten Fuß ans Ende des rechten Beines, um zu sehen, wie er dort wirkte.

Er sah aus wie angewachsen und als habe er sich schon immer dort befunden. Als sie versuchte, ihn wieder wegzunehmen, ging es nicht. Sie konnte noch nicht einmal erkennen, wo das Bein endete und der Fuß begann. Jeder andere hätte es wohl für ganz natürlich gewachsen gehalten; ihr kam es wahrscheinlich nur so eigenartig vor, weil sie die Wahrheit kannte. Als sie mit dem linken Bein und Fuß dasselbe probierte, klappte es genauso perfekt.

Das verlieh ihr den nötigen Mut, Freddys Torso aus dem Kleiderschrank zu holen und genau über die Beine auf das Bett zu legen. Sie schob die Beine näher heran, bis es aussah, als wüchsen sie aus dem Torso heraus – und dann plötzlich war es auch so. Sie hob den Körper in eine sitzende Stellung und merkte dabei, daß er genauso beweglich war und auf Reize reagierte wie der einer lebendigen, wirklichen Person. Er war nicht bloß eine tote Last. So saß sie auf der Bettkante und blickte auf den leeren Schoß ihres Nachbarn hinunter.

»Laufen Sie nicht weg, ich habe da was Passendes für den Herrn«, sagte sie.

Die Genitalien paßten von Größe und Teint her eigentlich gar nicht zu Freddys langem, blassen Körper, aber sie schmiegten sich doch dankbar in seinen Schoß und fühlten sich in der neuen Heimat offensichtlich wohl.

Auch der Körper schien glücklich zu sein. Er war von neuem Leben erfüllt – nicht dem Freddys oder Pauls oder Ralphs, nein, ein neues Geschöpf war aus ihren hinterlassenen alten Teilen entstanden. Das bildete sie sich nicht nur ein. Sie hatte ihn nicht einfach bloß angelehnt. Er saß aufrecht neben ihr, wach und abwartend. Als sie sich näher an ihn heranschob, fühlte sie das Herz in dieser Brust schlagen, stellte sich vor, wie es Blut durch ein Netz von Arterien und Venen pumpte. Sie faßte hinüber und streichelte den kleinen Elefantenkopf, der zwischen den Beinen schlummerte. Als sie ihn berührte, bewegte er sich und richtete sich auf.

Auch sie war erregt, aber gleichzeitig erschrocken. Irgend etwas konnte bei ihr nicht mehr stimmen, wenn sie mit dieser unvollständigen Sammlung von Körperteilen ins Bett gehen wollte. Klar, tot war er nicht, also hatte es nichts mit Nekrophilie zu tun; aber was war es dann? Ein Mann ohne Arme war eben körperlich behindert, aber war ein Mann ohne Kopf überhaupt noch ein Mensch? Was war denn aus ihrem Glauben an die Bedeutung zwischenmenschlicher Beziehungen geworden? Sie konnte sich noch nicht einmal verständigen, außer durch Berührungen, und das auch nur, wenn sie die Initiative ergriff. Er konnte lediglich auf ihre Wünsche reagieren. Sie dachte an Pauls Hände, wie sie von ihnen betatscht, niedergezwungen und geohrfeigt worden war, und sie war froh, daß sie nicht auch noch an dem neuen Körper befestigt waren, sondern sicher verwahrt auf dem Küchenschrank lagen. Safer Sex, dachte sie und kicherte.

Auf die Erschütterung reagierend, neigte sich der Körper ein wenig näher.

Sie stand vom Bett auf und ging ein Stück weg. Von dort beobachtete sie, wie er unentschlossen schwankte. Er tat ihr schon ein wenig leid, da er so vollständig auf sie angewiesen war, und das ließ ihre Erregung abklingen. Es war einfach nicht richtig, sie konnte ihn nicht als eine Art lebendige Sex-Stimulationshilfe benutzen – jedenfalls nicht in dem Zustand. Sie mußte ihm einen Kopf verschaffen oder es ganz bleibenlassen.

Sie hüllte den Körper in ein Bettlaken, damit er nicht verstaubte, und schob ihn unter das Bett. Sie konnte so nicht mehr neben ihm schlafen. Der kopflose Zustand machte sie zu nervös. »Mach dir keine Sorgen«, sagte sie, obwohl er sie ja nicht hören konnte, »das ist nicht für die Ewigkeit.«

So ging sie auf Kopfjagd. Sie wußte, daß es einige Zeit dauern könne, aber sie mußte die Sache sorgfältig angehen. Sie wollte nicht wieder schlechte Erfahrungen sammeln. Das war es dann auch wieder nicht wert. Aus dem Erlebnis mit Paul war noch etwas Gutes herausgekommen, aber bei Köpfen beziehungsweise Gesichtern war es so schwer, sie von der dazugehörigen Person zu trennen. Wenn er Freddys oder Pauls Gesichtszüge trug, dann würde sie auch wie auf Freddy oder Paul reagieren, na, und was wäre damit gewonnen? Sie wollte jemanden Neues finden, jemanden, den sie nicht kannte, aber dennoch gut leiden konnte; jemanden, den sie attraktiv fand, mit dem sie ins Bett gehen und von dem sie sich wieder trennen konnte, ohne das übliche Trauma von Liebe oder Haß zu entwickeln. Sie konnte nur hoffen, daß es kein unlösbares Problem darstellen würde.

Sie bat Freunde, sie anderen vorzustellen, belegte Abendkurse, wurde Mitglied in Clubs, ging auf Parties, sprach in Supermärkten oder Bussen mit Männern, antwortete auf Kontaktanzeigen. Und dann schneite eines

Abends Marcus herein und fragte, ob sie mit ihm ins Kino gehen wolle.

Marcus war ihr Nachbar. Sie wohnten Tür an Tür. In den letzten zwei Jahren hatten sie miteinander eine Menge Filme angesehen und Pizzas geteilt, aber obwohl sie ihn gut leiden konnte, wußte sie nur sehr wenig über ihn. Sie wußte nicht einmal mit letzter Sicherheit, ob er nicht vielleicht doch schwul war. Sie hatte ihn gelegentlich mit anderen Frauen gesehen, aber diese Beziehungen schienen lediglich platonisch zu sein. Da er jünger war als sie, feingliedrig und mit einer Neigung zu – wie sie fand – übertrieben modischer Kleidung, da er nie über Sex sprach und sie niemals berührt hatte, war sie nie auch nur auf den Gedanken gekommen, mit ihm ins Bett zu gehen. Jetzt betrachtete sie sein glattrasiertes und recht gutaussehendes Gesicht, als sei es das erste Mal, und fand dies durchaus überlegenswert.

»Gute Idee«, sagte sie.

Nach dem Film, der Pizza und einer Menge Wein, nachdem er gesagt hatte, er müsse jetzt wohl gehen, legte Fay eine Hand auf seinen Schenkel und schlug ihm vor, noch zu bleiben. Er schien wohl überrascht, aber durchaus erfreut, nur, nachdem sie ihn ins Bett verfrachtet hatte, verging seine Erektion ziemlich schnell und war durch nichts, aber auch gar nichts wieder herzustellen.

»Es ist nicht deine Schuld«, sagte er schüchtern. Der Gedanke war ihr überhaupt nicht gekommen. »O Gott, das ist furchtbar«, fuhr er fort. »Wenn du wüßtest, wie ich mir das erträumt habe … Ich dachte nicht, daß du … ich wagte nicht zu hoffen, daß du mich auch haben wolltest, und jetzt … du bist so wunderbar und so lieb und schön und du verdienst so viel Gutes, und jetzt mußt du glauben, ich sei zu nichts in der Lage.«

»Ich glaube, es liegt vielleicht am Wein«, meinte sie. »Wir haben beide zuviel getrunken. Du solltest jetzt besser rübergehen … ich glaube, wir sollten beide in unseren eigenen Betten schlafen und allein.«

»O Gott, du haßt mich doch wohl nicht, oder? Gibst du mir noch eine Chance, Fay? Ja? Bitte!«

»Mach dir keine Gedanken. Ja, Marcus, natürlich tu' ich das. Und jetzt gute Nacht.«

Sie fand hinterher nichts in ihrem Bett; sie hatte das auch nicht erwartet. Aber genausowenig die Blumen, die am nächsten Tag gebracht wurden und am Tag danach wieder.

Am Freitagabend führte er sie zum Essen aus – diesmal keine Pizza – und hinterher, zu Hause in ihrem Bett, taten sie, was sie hatten tun wollen. Sie schlief wundervoll befriedigt in seinen Armen ein. Morgens wollte er sie unbedingt wieder lieben, und sie wäre auch beinahe schwach geworden, da er sich als ein sehr zartfühlender und geschickter Liebhaber erwiesen hatte, aber sie war einfach zu ungeduldig dazu. Sie hatte nur etwas ganz Bestimmtes von ihm gewollt, und je früher er ging, desto schneller würde sie es bekommen.

»Ich glaube, du gehst jetzt besser, Marcus«, sagte sie. »Laß uns die Sache nicht unnötig hinausziehen.«

»Was meinst du damit?«

»Ich meine damit, daß dies ein Fehler war. Wir hätten nicht miteinander ins Bett gehen sollen, wir sind doch eigentlich nur Freunde, die einfach mal zuviel miteinander getrunken haben ...«

Er wirkte blaß, sogar im Vergleich mit den Bettlaken. »Aber ich liebe dich.«

Es hatte eine Zeit gegeben, wo ein solches Geständnis unter solchen Umständen für sie reines Glück bedeutet hätte, aber die Fay, die geliebt hatte und erwartet, dafür von einem Mann, mit dem sie ins Bett ging, wiedergeliebt zu werden, die schien jetzt so fern wie ein ganz anderer Mensch.

»Aber ich liebe dich nicht.«

»Warum bist du dann –«

»Schau mal, ich habe jetzt keine Lust, mit dir zu streiten. Ich möchte dir nichts sagen, was dich verletzen könnte. Ich möchte, daß wir Freunde bleiben, so wie vorher, das ist alles.« Sie stand auf, da er sich noch nicht rührte, und zog ihren Morgenmantel über.

»Willst du damit sagen, daß du mich nicht wiedersehen willst?«

Sie blickte auf ihn hinunter. Sein Gesicht war wirklich hübsch, und der Schmerz, der jetzt darauf zu erkennen war – den sie verursacht hatte –, ließ sie schnell und verschämt wieder wegblicken. »Natürlich will ich dich wiedersehen. Du warst immer ein guter Nachbar und ein guter Freund. Ich hoffe, das wird sich nicht ändern. Nur ...« Sie bemühte sich, sich an etwas zu erinnern, was ihr jemand, war es Ralph gewesen?, einst gesagt hatte. »Ich kann für dich eben nicht das sein, was du in mir sehen willst. Mir liegt natürlich noch etwas an dir. Aber ich liebe dich nicht so, wie du das wohl brauchst. Also trennen wir uns lieber. Mit der Zeit wirst du merken, daß es so am besten war. Du findest schon jemand anderen.«

»Du willst damit sagen, *du* findest jemand anderen.«

Überrascht sah sie ihn an. War das nicht, was sie damals zu Ralph gesagt hatte? Ihr fiel keine Antwort darauf ein. Aber Marcus war jetzt raus aus dem Bett, zog sich an und schien keine Antwort zu erwarten.

»Ich gehe«, sagte er. »Weil du es so willst. Aber ich habe das ernst gemeint, was ich sagte. Ich liebe dich. Du weißt ja, wo ich wohne. Wenn du willst ... wenn du deine Meinung änderst ...«

»Ja, natürlich. Auf Wiedersehen, Marcus. Es tut mir so leid.«

Sie brachte ihn zur Tür und schloß sie hinter ihm ab. Jetzt! Sie hastete ins Schlafzimmer zurück, doch in der Tür blieb sie stehen, von einem plötzlichen unangenehmen Gefühl gepackt. Was, wenn es nicht geklappt hatte? Wenn sie anstelle eines hübschen Gesichts, sagen wir einmal, wieder ein Paar Füße in ihrem Bett fand?

Dann mache ich es wieder, beschloß sie, und immer wieder, bis ich meinen Mann zusammenhabe.

Sie machte einen Schritt vorwärts, packte die Ecke des Federbetts und zog es mit der grandiosen Geste eines Zauberkünstlers beiseite. Auf der ganzen Fläche aus blaßblauem Leinen lag nichts außer ein paar vereinzelten Schamhaaren.

Sie hob die Kopfkissen einzeln hoch und schüttelte sie. Sie schüttelte auch das Federbett aus und knöpfte es auf, um zu sehen, ob nichts im Bezug steckte. Sie sah unter dem Bett nach, streckte den Arm aus und tastete um den in Laken gehüllten Körper herum, zog dann sogar das Bett ein Stück von der Wand weg, falls etwas dahintergefallen sei. Schließlich kroch sie auf dem Bauch über das Bett, die Nase auf dem Laken, und untersuchte jeden Fleck.

Nichts. Er hatte nichts hinterlassen.

Aber warum nicht? Wie ging das nun wieder zu?

Sie ließen Teile von sich zurück, weil sie nicht gewillt waren, alles zu geben. Das Bett erhielt Stückchen und Teile von Männern am Leben, die nur einen Teil ihrer Zeit, einen Teil ihres Körpers wollten und die dafür nur mit Teilen ihres eigenen Körpers zahlen konnten. Marcus wollte mehr als die anderen. Er wollte und bot alles. Aber sie hatte ihn zurückgewiesen, und nun hatte sie nichts.

Nein, nichts stimmte nicht. Sie kauerte sich nieder und zog die in Laken gehüllte Gestalt unter dem Bett hervor. Sie entfernte die Laken und überzeugte sich davon, daß der kopflose, armlose Körper noch immer warm, noch immer lebendig, noch immer männlich war und noch immer ihr gehörte. Sie fühlte das beruhigende Anschwellen der sexuellen Erregung in ihrem Körper, als sie den seinen streichelte, und sie schwor, sie werde sich nicht geschlagen geben.

Sie würde sorgfältig nachdenken und genau planen müssen, aber sie würde es doch wohl fertigbringen, daß sie von einem weiteren Liebhaber verlassen wurde?

Sie verbrachte den Morgen mit Vorbereitungen, und gegen Mittag rief sie Marcus an und bat ihn, am Abend zu ihr herüberzukommen.

»Hast du es wirklich ernst gemeint, als du sagtest, daß du mich liebst?«

»Ja.«

»Weißt du, ich wollte dich bitten, etwas für mich zu tun, aber ich glaube nicht, daß du es tun wirst.«

»Fay, ich würde alles für dich tun. Was ist es?«

»Das muß ich dir persönlich sagen.«

»Ich komme gleich herüber.«

Als er hereinkam, fiel sie ihm in die Arme und küßte ihn leidenschaftlich. Sie spürte, wie sein Körper darauf reagierte, und als sie sein Gesicht betrachtete, bemerkte sie, daß der Schmerz daraus verschwunden war und eine staunende Freude über seinen Zügen lag.

»Gehn wir ins Schlafzimmer«, sagte sie. »Ich werde dir alles erzählen. Ich werde dir die Wahrheit darüber sagen, was ich will, und ich weiß, es wird dir nicht gefallen.«

»Woher weißt du das? Wie kannst du so etwas vorhersagen?« Er streichelte über ihren Rücken und lächelte sie an.

»Weil es nicht normal ist. Es hat etwas mit Sex zu tun.«

»Dann frag mich doch.«

Sie waren nun im Schlafzimmer angekommen. Sie holte tief Luft. »Kann ich dich auf das Bett fesseln?«

»Also.« Er lachte ein wenig. »Ich habe so was noch nie gemacht, aber ich kann dabei nichts finden. Wenn es dich glücklich macht?«

»Darf ich?«

»Ja, warum nicht.«

»Jetzt gleich?« Sie stellte sich vor den Nachttisch, damit er ihn nicht sehen konnte, und holte die Stricke heraus, die sie vorher hineingelegt hatte. »Leg dich hin.«

Er tat wie gewünscht. »Soll ich mich nicht vorher ausziehen?«

Sie schüttelte den Kopf und band ihn an den Bettpfosten fest.

»Und was soll ich jetzt tun?« Er bäumte sich gegen die

Stricke auf, um ihr zu zeigen, wie wenig er überhaupt tun konnte.

»Jetzt gib mir deinen Kopf.«

»Was?«

»Andere Männer haben mir andere Teile gegeben; von dir will ich den Kopf.«

Es war offensichtlich, daß er nicht wußte, was sie meinte. Sie versuchte sich daran zu erinnern, wie sie es hatte erklären wollen, was genau sie von ihm erwartete. Sollte sie ihm den Körper unter dem Bett zeigen? Würde er es dann kapieren?

»Deinen Kopf«, wiederholte sie, und dann erinnerte sie sich, was sie hatte sagen wollen. »Es ist einfach. Du kannst ihn mir geben, oder ich nehme ihn mir. Du hast die Wahl.«

Er starrte sie noch immer an, als sei es keineswegs so einfach. Sie nahm das Messer aus dem Nachttisch und hielt es hoch, damit er es sehen konnte. »Du gibst, oder ich nehme. Du hast die Wahl.«

Mona A. Clee

# Dinosaurier

»Mit Ihnen red' ich nicht, Lady, und dabei bleibt's«, sagte der alte Mr. Robertson. »Sie sind nicht das, was ich mir unter 'nem Rechtsanwalt vorstelle. Ich hab' Bubba Preston engagiert, damit er sich um meinen Fall kümmert, nicht irgendein dummes Mädel, und ich red' mit keinem außer ihm.«

Die brüchige, gereizte Stimme schwieg einen Moment, und Camilla Seary versuchte, sich soweit in den Griff zu kriegen, daß sie antworten konnte. Aber es klickte im Hörer, das Freizeichen ertönte; er hatte aufgelegt.

Sie legte den Hörer auf die Gabel und vergrub den Kopf in den Händen. Für heute abend hatte sie genug. Es war schon sieben, und sie mußte nach Hause. Sie nahm ihre Mappe und das Seidenjackett und bewegte sich zur Ausgangstür hin.

»Hallo, kleine Lady! Sie wollen uns doch nicht schon so früh verlassen?«

Camilla zuckte zusammen. Bubba Preston höchstpersönlich stand im Türrahmen, den er gänzlich ausfüllte: eine Gestalt mit filzenem Cowboyhut, Cowboystiefeln aus Schlangenleder und dem teuersten Anzug, der für Geld zu haben war. Zumindest in Austin. Er lächelte sie an, aber sie ließ sich nicht täuschen, nicht nachdem sie sechs Jahre für ihn gearbeitet hatte. In seinen kleinen Schweinsäuglein lag nicht die Spur von Wärme.

»Ich bin schlicht und ergreifend müde«, sagte sie. »Ich dachte, ich mach' morgen weiter, wenn ich mich etwas ausgeruht habe.«

Preston hakte die Daumen in seinen Gürtel und verlagerte seine massige Gestalt von der einen Seite des Türrahmens zur anderen. »Vielleicht haben Sie mich nicht verstanden. Diese eidesstattlichen Erklärungen möchte ich morgen früh als erstes auf meinem Schreibtisch haben.«

»Nun, wenn ich die vorbereiten soll, dann müssen Sie Mr. Robertson zu etwas Kooperationsbereitschaft überreden. Er will nicht mit mir sprechen.«

»Ach ja? Und warum nicht?« Preston nahm sie scharf ins Visier, sein fleischiges Gesicht war plötzlich ausdruckslos. Seine Messinggürtelschnalle in Form eines Texas Longhorns blitzte im Licht auf und stach Camilla schmerzvoll in die Augen.

»Er behauptet, er habe Sie für die Betreuung des Falles engagiert, und will nur mit Ihnen sprechen.«

Ein flüchtiges Grinsen spielte um Prestons Lippen. »Nun, dann versuchen Sie's mal mit Ihrem weiblichem Charme, Schätzchen. Oder habt ihr Mädels das im Jurastudium verlernt? Wie ich immer sage, es nützt euch nichts, wenn ihr so tut, als wärt ihr Anwältinnen, und dann mit den alten Knaben nicht reden könnt. Mir ist es egal, wie Sie das machen, aber ich möchte die Erklärungen morgen auf meinem Schreibtisch haben. Ich gebe Ihnen Zeit bis Mittag.«

Camilla errötete. Hinter Preston bewegte sich plötzlich etwas, und man vernahm das Geräusch einer fleischigen Hand, die ihm auf den Rücken klopfte. »Hey, Dad«, sagte eine Stimme, »warum hängst du hier noch rum? Es ist schon spät. Laß uns gehen und ein kühles Bierchen kippen.« Es war Butch, Prestons einziger Sohn, Student im höheren Semester.

Preston grinste ihn an. »Schon wieder kein Geld, Junge?«

Butch grinste zurück. Ohne ein weiteres Wort an Camilla zu verschwenden, drehte sich Preston um und schlenderte mit Butch durch den mit dickem Velour ausgelegten Gang davon. »Ich hab' einen neuen Witz für dich«, hörte ihn Camilla im Weggehen sagen.

»Na, dann erzähl ihn, Alter.«

»Was hat achtzehn Beine und zwei Titten?«

»Gott im Himmel, sag's mir.«

»Der Oberste Gerichtshof.«

Die beiden brachen in kreischendes Gelächter aus, ihre Stimmen klangen hoch und heiser. Hyänen, dachte Camilla, sie waren genau wie Hyänen. Mit zitternden Beinen setzte sie sich wieder und wartete, bis sie sicher sein konnte, daß sie fort waren. Dann griff sie zum Telefon.

Während es klingelte, spürte sie, wie sich ihr Magen schmerzhaft verkrampfte; ihre Hände wurden feucht und glitschig, fast wäre ihr der Hörer entglitten. Beim sechsten Klingelton nahm Robertson persönlich ab.

»Hallo«, sagte sie mit all der falschen Freundlichkeit, die sie aufzubieten vermochte, »hier ist noch mal Camilla, aus Bubbas Büro. Hören Sie, Mr. Robertson, Bubba bat mich, Ihnen auszurichten, daß er sich persönlich Ihres Falles annehmen wird – er möchte keinesfalls, daß Sie etwas anderes denken. Ich erledige nur die Vorarbeiten für ihn, und es wäre sehr freundlich, wenn Sie mir ein paar kurze Fragen beantworten könnten. Bubba arbeitet bis spät in der Nacht an Ihrem Fall, und ich assistiere ihm nur, dann kann er schneller vor Gericht gehen und Ihren Fall gewinnen.«

Ein Gefühl des Ekels überkam sie. Aber es funktionierte, wie sie erwartet hatte.

Besänftigt und geschmeichelt, beantwortete der alte Mann ihre Fragen, anfangs widerwillig, dann mit zunehmender Begeisterung. Nach zehn Minuten, als sie alle nötigen Informationen hatte, bekam sie ihn kaum mehr los.

Als sie endlich einhängen konnte, schob sie ihre Notizen beiseite und stand auf. Sie nahm sich vor, morgen um sechs zur Arbeit zu kommen und die Erklärung auszuarbeiten. Im Moment gab es nichts Wichtigeres, als hier rauszukommen.

Sie ging den Flur entlang und durchquerte den teuer möblierten Empfangsraum. Ihr Herz klopfte, und ihre

Hände waren eiskalt. Sobald dieser Fall erledigt war, würde sie sich nach einer neuen Arbeit umsehen; sie hielt es hier nicht mehr länger aus.

Aber während sie über eine Möglichkeit nachgrübelte, wie sie diesem Job entfliehen könnte, wußte sie, daß es zwecklos war. Sie konnte nicht weg. Austin war immer noch eine sehr kleine Stadt, obwohl es sich in letzter Zeit vergrößert hatte, und sie konnte nirgendwo hingehen, ohne das Gesicht und eine Menge Geld zu verlieren – von ihrem Ruf ganz abgesehen. Das einzig Vernünftige war, hierzubleiben und zu beten, daß man sie nächstes Jahr als Partnerin übernehmen würde. Dann müßte sie nicht mehr so viele Beleidigungen von Preston einstecken, einzig weil er es war, der die Firma gegründet hatte.

Sie bog um eine Ecke ins Foyer, wo die Fahrstühle waren, und blieb stehen. Von Bubba Preston war nichts zu sehen, aber Butch war immer noch da, zusammen mit einem anderen jungen Mann, seinem besten Freund Clay, wie sie feststellte. Die beiden hatten sie noch nicht bemerkt, und beinahe wäre sie wieder in ihr Büro zurückgeflüchtet, um »vergessene« Akten zu holen.

Aber das war lächerlich. Sic, eine Anwältin, drückte sich im Korridor herum, um ein paar anmaßenden Studentenjüngelchen aus dem Weg zu gehen. Energischen Schritts marschierte sie ins Foyer.

»Gottverdammte Aufzüge«, sagte Butch und drückte wie wild auf den Knopf.

»Hallo«, sagte Camilla und setzte ihr freundlichstes Lächeln auf.

Butch sah auf. »Hey, Angestellte dürfen doch eigentlich nicht so früh Schluß machen.«

Camilla zwang sich wieder zu einem Lächeln. »Zuhause wartet ein Bier auf mich.«

»In Ordnung!« sagte Clay. Beide grinsten. Sie sehen wie Brüder aus, dachte Camilla: das gleiche kurze, exakt geschnittene Haar, die gleichen gestärkten weißen Baumwollhemden, die gleichen Khaki-Hosen und Segeltuchschuhe. Ohne Socken. Wie aus einer Form gegossen. Beide hatten sie breite, platte Gesichter, dicke Hälse und kräftige Körper. Beide waren Footballspieler.

»Das ist cool«, sagte Clay. »Im Posse West wartet ein ganzer Kasten auf mich.«

»O Mann«, warf Butch ein, »du weißt noch nicht mal, was Trinken wirklich heißt.«

»Aber du, ha?« Clay sah Camilla an. »Das letztemal, als wir einen trinken waren, hat er sich hinter diesem Hippie-Haus die Seele aus dem Leib gekotzt. Ich mußte ihn nach Hause bringen.«

»Wie lustig«, murmelte Camilla.

»Die verdammten Hippies starrten mich die ganze Zeit durchs Fenster an, wissen Sie.«

»Woher weißt du das, Mann?« fragte Clay. »Du konntest nicht mal mehr geradeaus schauen.«

»Ich hab' sie gesehen. Gottverdammte Hippies. Ich hasse sie.«

Camilla spürte Ärger in sich aufwallen. »Warum?« fragte sie.

»Weil das Dinosaurier sind, Lady! Ha'm Sie das noch nicht mitgekriegt? Wir schreiben nicht mehr neunzehnhundertachtundsechzig. Das sind doch Fossile. Zum Teufel, ich hau' ihnen mein Bier über den Schädel, wenn ich sie zu erwischen bekomme.«

»Ja«, sagte Clay, »letzte Woche hat Butch ein ganzes Budweiser geopfert. Wir fuhren im Jeep, verstehen Sie, und dieser Typ kam einfach mit wehenden Haaren daher, und Butch hat ihm eine ganze Dose drübergekippt.«

»Ich hoffe, er hat sich eure Autonummer nicht gemerkt«, sagte Camilla.

Clay sah zuerst sie an, dann Butch; er zuckte mit den Achseln. »Wär auch egal«, sagte Clay. »Die Bullen kennen alle Butchs Dad.«

Endlich kam der Aufzug. Butch stieg zuerst ein. »Wissen Sie, wen ich mir gerne schnappen würde?« fragte er.

»Den Typen, der mit der Cola-Flasche über der Schulter rumläuft. Der hängt immer in dem Hippie-Laden auf der Drag rum.«

»Auf der Guadeloupe Street?« fragte Camilla. »In welchem Laden?«

»Diesem Bioladen. Kommen Sie, Camilla, den kennen Sie doch.«

»Ach, den.« Sie lächelte angestrengt. »Ich weiß, wo der ist.«

Clay blinzelte ihr zu. »Sicher wissen Sie das. Ich wette, das ist ein Stammgeschäft von Ihnen.«

»Seit meiner College-Zeit war ich nicht mehr dort«, antwortete sie und wurde zunehmend nervös. »Das ist Jahre her.«

»Das glaub' ich gern«, erwiderte Clay und brach in Gelächter aus. Der Fahrstuhl fuhr schnell hinunter, als wolle er die verlorene Zeit wettmachen. Camilla hielt den Atem an und wartete auf den Augenblick, daß sie das Erdgeschoß erreichten und sie von den beiden fortkäme.

»Ich wette, in den Sixties waren Sie auch so eine Radikale. Alt genug sind Sie ja«, sagte Butch, um sie aus der Reserve zu locken.

»Das geht Sie nichts an«, antwortete Camilla.

»Nein, aber Sie sind ganz der Typ. Ich wette, Ihnen tun all diese Dinosaurier leid. Ich wette, Sie spenden fürs Hippie-Hilfswerk.«

Der Fahrstuhl hielt an. Es dauerte einen endlosen Moment, bis er völlig zum Stillstand kam. Dann gingen die Türen auf.

»Wenn ich's mir recht überlege«, sagte Camilla beim Aussteigen, »sollte ich wohl eher Mitleid mit euch haben.«

Butch und Clay sahen sich an, als wären sie erfreut, daß sie sie doch noch drangekriegt hatten. Butch murmelte irgend etwas, was sie nicht verstand, und Clay kicherte. Im Weggehen hörte sie die beiden flüstern, und als sie die Tür zum Parkplatz öffnete, hörte sie sie lachen.

Auf dem Heimweg fuhr sie zu schnell. Sie hätte sich nicht so gehen lassen dürfen, sagte sie sich. Wie immer Butchs Vater persönlich auch sein mochte, er war einer der Mitbegründer der Kanzlei, und sie durfte es weder mit ihm noch mit seinem Sohn verderben. Am allerwenigsten wegen so einer Lappalie.

Sie fuhr in die Einfahrt ihres Hauses, blieb aber sitzen und dachte nach, während der Abendwind in den Blättern des Pecanobaums an der Straße raschelte. Trotz der späten Stunde war es immer noch hell; aber der Himmel war bewölkt, und Camilla erinnerte sich plötzlich, daß sie etwas von einer winterlichen Kaltfront gehört hatte, die durchziehen sollte.

Sie fragte sich, was sie machen sollte. Es wäre so schön, einfach in das kleine Dachgeschoßzimmer hinaufzugehen und zu malen. Aber sie hatte seit einem Monat keinen Pinsel mehr angerührt und fühlte sich im Moment nicht sonderlich inspiriert. Die Begegnung mit Butch hatte sie verärgert und aufgewühlt, so daß sie ihre Gedanken nicht sammeln, geschweige denn malen konnte. Vielleicht wäre ein Spaziergang das Richtige – ein langer, entspannender Spaziergang durch die windigen, dunkler werdenden Straßen von Austin.

Die Baumspitzen wiegten sich in dem zunehmenden Wind. Mit leisem Rascheln, tanzend und wirbelnd, fielen abgestorbene Blätter in den Rinnstein. Im Osten war der erste Stern aufgegangen, aber im Norden türmten sich dunkle Wolken, die rasch heranzogen. Plötzlich schien es nichts Wichtigeres zu geben, als im Wind und im Zwielicht draußen zu sein, stundenlang zu gehen und sich von all den Ereignissen des Tages zu befreien.

Sie stieg aus und rannte die Stufen zu ihrer Veranda hinauf. Die alte viktorianische Tür klemmte ein bißchen, zweifellos wegen der aufziehenden Kaltfront, und sie mußte sich mit ihrem ganzen Körpergewicht dagegenlehnen, um sie aufzubekommen. Wohin könnte sie ihren Spaziergang machen, fragte sie sich auf dem Weg ins

Schlafzimmer, um sich umzuziehen. Vernünftigerweise nicht zu weit fort, wenn sie danach noch malen wollte.

Es dauerte nur ein paar Augenblicke, und sie hatte alles abgestreift: ihre hochhackigen Schuhe, die Dior-Strümpfe, das Seidenkostüm, den teuren Slip und den geschmackvollen Goldschmuck, der zu diesem Teil ihrer Persönlichkeit gehörte. Statt dessen zog sie Jeans und ein T-Shirt an. Sie wandte sich um, um sich im Schlafzimmerspiegel zu begutachten, immer noch rätselnd, wohin sie gehen sollte, als ihr ihr Spiegelbild und die Erinnerung an Butchs höhnische Bemerkungen die Antwort lieferten. Sie würde zu dem kleinen Lebensmittelladen auf der Drag gehen, in dem sie schon seit Jahren nicht mehr gewesen war und in dem Butchs verhaßte Hippies herumhingen. Er konnte nicht mehr als eine halbe Meile entfernt sein.

Sie nahm einen Waschlappen und wischte sich das Make-up weg. Die Karrierefrau mit dem makellosen Gesicht und dem schwarzen, zu einem strengen Knoten zurückgesteckten Haar verschwand. Statt dessen kam eine magere, dunkle Frau zum Vorschein, deren Gesicht hagerer war, als sie in Erinnerung hatte.

Camilla schüttelte sich. Sie nahm ihre Brieftasche und rannte, die Tür hinter sich zuschlagend, die Eingangstreppe hinunter. Auf der Straße drehte sie sich noch einmal um und sah auf ihr Haus zurück.

Sie lächelte. Ihr Haus war jedenfalls kein Dinosaurier – allenfalls eine überflüssige Last. Aber es war genau, was sie sich immer gewünscht hatte. Sie liebte es, angefangen von dem alten farbigen Glas in der Eingangstür bis zu dem kleinen Dachgeschoßraum, in den so viel Licht fiel, daß sie malen konnte – obwohl sie in letzter Zeit nicht oft dazu gekommen war.

Das Haus war ihr Horst, ihre ganze Freude. Und machte sie zur Gefangenen, wie sie feststellte. Solange sie es abbezahlen mußte, konnte sie Bubba Preston nicht sagen, er solle zur Hölle fahren.

Kalte Windstöße umpeitschten sie, und sie sog die frostig werdende Luft ein. Sie ging schneller. Die Kaltfront war spürbar näher gerückt, aber sie schätzte, sie würde den Laden erreichen, bevor der Sturm losbrach.

Während sie ging, erfüllten sie das Grau und Blau des Himmels mit seltsamer Freude. Sie hatte die texanischen Stürme und die kalten winterlichen Tage, bei denen man glaubte, sie seien eher aus einem englischen Moor herübergeweht worden als aus dem Herzen des amerikanischen Kontinents, schon immer geliebt. Sie dachte, wie seltsam ein solches Gefühl ihren Arbeitskollegen vorkommen würde. Wie seltsam ihnen eigentlich alle Dinge, die sie wirklich liebte, erscheinen würden.

Niedergeschlagenheit überkam sie. Wie war es nur so weit mit ihr gekommen? Warum verstellte und maskierte sie sich für ihre Arbeit, nur um weiterhin in einer Welt zu leben, die sie unglücklich machte?

Zehn Jahre zuvor hatte sie, jung und voller Ehrgeiz, Künstlerin werden wollen. Sie hatte abgeschnittene Hosen und rückenfreie Oberteile getragen, barfuß in alten Häusern gelebt, deren Böden von vielen nackten Füßen glatt gescheuert worden waren. Diese Böden waren zum Tanzen gemacht. Damals hatte sie oft getanzt, weil sie nur wenig Geld zum Leben brauchte, und sie hatte sich nicht darum geschert, was andere Leute dachten.

Sie runzelte die Stirn. Oder war damals wirklich alles anders gewesen? In diesen lange vergangenen Tagen gab es niemanden, der auf sie hinabsah, weil sie arm und sorglos war. Alle ihre Freunde waren auch arm gewesen.

Während sie so dahinging, nahm das Gefühl der Niedergeschlagenheit zu. Sie war sehr talentiert gewesen, zumindest hatte man das behauptet. Es war ihr sogar gelungen, noch während der College-Zeit ein paar Bilder zu verkaufen. Aber nach dieser Zeit hatte sie sich treiben lassen und war von einer Fakultät an die andere gezogen. Schließlich hatte sie Jura studiert, was für eine intelligente

Frau das vernünftigste zu sein schien. Und jetzt steckte sie in der gleichen Falle wie alle anderen auch.

Ohne es zu bemerken, war sie eine ganze Strecke gegangen, und als sie den Kopf hob, konnte sie ein paar Häuser weiter das leuchtend bunte Schild des Hippie-Ladens sehen und weiter unten den dichten Verkehr auf der Guadeloupe Street, die man als »the Drag« bezeichnete.

»Whole Earth Hill Naturkostprodukte-Laden« stand auf dem Schild, was Camilla ein schwaches Lächeln entlockte. Es hatte sie schon immer amüsiert und war eine ihrer bevorzugten Sehenswürdigkeiten von Austin. Sie war schon zu lange nicht mehr hier gewesen.

Sie würde etwas frisches Obst kaufen, oder vielleicht Mandeln und in Tamari-Soße geröstete Cashew-Nüsse. Ein Glas hausgemachtes Jalapeno-Gelee wäre schön, genauso lockte sie der lange Ladentisch, der mit einer riesigen Auswahl verschiedenster Käsesorten bestückt war. Zu dem Käse und den Äpfeln würde sie knusprige Crackers kaufen und etwas von dem knallfarbigen Kräutertee, den sie dazu trinken würde. Vielleicht stand auch gerade ein Topf hausgemachter Suppe auf dem Herd, Minestrone, wenn sie Glück hatte. Und schließlich, als Belohnung, weil sie an die frische Luft gegangen war und sich Bewegung verschafft hatte, eines dieser köstlichen Butter-Croissants, die mit weicher warmer Schokolade gefüllt waren – vielleicht auch ein Stück Vollkorn-Ingwerbrot aus der Bio-Bäckerei.

Von derlei Aussichten fröhlich gestimmt, trat sie durch die Holztüren des Lebensmittelladens und nahm einen der kleinen geflochtenen Einkaufskörbe. Aus jeder Ecke drangen ihr köstliche Gerüche in die Nase, und ausgesprochen entzückt betrachtete sie die abgewetzten Bodendielen und die leicht schäbige Einrichtung.

Wie sie sich aus früheren Tagen erinnerte, befand sich auf der rechten Seite das kleine ladeneigene Restaurant. Es war nichts Besonderes, nur ein paar Tische und Stühle, dazu ein während der Jahre verblichenes Schild, das den

Ort als das »Great Society Café« auswies. Aber Camilla entdeckte, daß dort tatsächlich ein Topf voller Suppe köchelte, und wenn sie ihrer Nase trauen durfte, war es wirklich Minestrone. Sie beschloß, gleich ihre Einkäufe zu erledigen und sich dann eine Suppe zu genehmigen, bevor sie sich auf den Heimweg machte.

Im Vorbeigehen sah Camilla eine merkwürdig aussehende Frau in dem Café sitzen. Die Frau hatte langes, tiefschwarzes Haar und blasse Haut, und sie sah Camilla direkt ins Gesicht. Komisch, sehr komisch, dachte Camilla, vergaß das Ganze aber wieder, als sie auf die Mitte des Ladens zusteuerte.

In dem Laden schien die Zeit stehengeblieben zu sein. Auf leisen Sohlen strichen Mädchen durch die Gänge, alle in den unvermeidlichen indisch gemusterten Röcken, Baumwoll-T-Shirts und festen Gesundheitssandalen. Alle trugen langes, in rustikale Zöpfe geflochtenes Haar, und keine hatte ihre Beine rasiert. Auch die dazu passenden männlichen Pendants waren anwesend: leise sprechende Männer vorgerückten Alters mit langen Haaren und dichten Bärten, Blue Jeans und Dashikis. Viele hatten Kinder im Schlepptau. Bei dem Anblick überfiel Camilla plötzlich Traurigkeit. Vor zehn Jahren war sie genauso gewesen.

Sie holte tief Luft und sagte sich, daß sie sentimental sei. Dieses Leben taugte nichts, gleichgültig wie malerisch es wirkte. Die meisten der Frauen mit den Zöpfen lebten von Sozialhilfe, und keine hatte einen Pfennig Geld. Und was waren sie schon? Weberinnen, Hebammen, oder sie verkauften Handarbeiten auf dem Weihnachtsmarkt. Nein, dieses Leben war nicht die Lösung – zumindest nicht im Vergleich zu dem ihren.

Wie auf ein Zeichen hin tauchte am anderen Ende des Ganges eine Gestalt auf und kam auf sie zu. Camilla riß vor Überraschung die Augen auf. Es war Prairie, die natürlich auch einen richtigen Namen hatte, aber nur auf ihren selbstgewählten hörte. Fragte man Prairie nach ihrem Familiennamen, sagte sie »Flower«.

Camilla hatte Prairie während jenes Sommers kennengelernt, als sie versuchte, ihre Bilder auf der Drag zu verkaufen. Prairie hatte selbstgezogene Kerzen aus Bienenwachs feilgeboten, Kerzen, die im Kerzenständer nicht aufrecht stehen blieben, weil Prairie sie tropfen ließ und keine feste Unterlage für sie machte. Deshalb wurde Prairie nur wenige Kerzen los, aber Camilla konnte sich nicht erinnern, daß sie das jemals gestört hätte.

Prairies Kinder waren bei ihr, ein Junge und ein Mädchen namens Sun und Wheat. Camilla bemerkte, wie dünn sie waren, und fragte sich, ob sie genug zu essen bekamen. Prairie selbst sah nicht gut aus, was sie schockierte. Camilla erinnerte sich an eine viel jüngere Prairie, die auf ihre ungepflegte Art recht hübsch war. Damals machte sie den Eindruck, frei zu sein wie der Wind, der Inbegriff des Blumenkinds, das fröhlich in der Gegenwart lebte. Jetzt sah sie abgehärmt aus.

Sie begrüßten sich. Sun und Wheat buhlten sofort mit lautstarkem Geschrei um die Aufmerksamkeit ihrer Mutter. Mit gequältem Blick schien Prairie vergessen zu haben, was sie Camilla eigentlich hatte sagen wollen.

»Na, wie geht's dir denn so?« fragte Camilla.

»Ach«, antwortete Prairie und versuchte ihre Röcke aus den fordernden Händen von Sun und Wheat zu befreien, »nicht besonders gut. Ich hab' dich lange nicht gesehen.«

Camilla nickte. »Letztes Mal waren die beiden noch Babys.«

Prairie versetzte einer der an ihr zerrenden Hände einen harten Schlag. »Ja«, sagte sie. Ihre Stimme brach ab, und sie schwieg.

»Was hast du so getrieben?«

»Na ja, Seth und ich sind nicht mehr zusammen. Er hat sich von mir getrennt.«

Eine kurze Pause trat ein. »Tut mir leid«, sagte Camilla. »Warum?«

»Na ja, verstehst du, ich bin jetzt Vegetarierin, und er ist nicht auf meiner Schiene.«

»Das kapier' ich nicht. Du warst doch immer Vegetarierin, dachte ich.«

»Ja, schon, aber keine strikte. Ich habe Eier und Käse gegessen und Milch getrunken. Das ist genauso schlecht wie Fleisch. Es erzeugt Schleim. Ich war furchtbar verschleimt. Jetzt esse ich nur Früchte, Körner und Gemüse und fühle mich wesentlich besser.«

»Die Kinder auch?« fragte Camilla.

»Ja, natürlich. Deshalb ist Seth weggegangen. Er wollte sie mit unreinen Nahrungsmitteln vollstopfen, und ich habe das nicht zugelassen...« Prairies Worte erstarben, und es entstand wieder eine Pause.

»Verkaufst du immer noch Kerzen?«

»Nein«, antwortete Prairie. »Ich bin's entsetzlich müde – ich weiß nicht warum. Aber ich gebe Leuten Unterricht in Ernährungsfragen. Ich brauche im Moment nicht viel zum Leben... eine Freundin läßt mich in ihrer Garage wohnen.«

Camilla nickte, aber sie wußte nicht, was sie sagen sollte.

»Ich muß weiter«, sagte Prairie. Camilla versuchte nicht, sie aufzuhalten.

Sie holte erneut tief Luft und ging den Gang hinunter. Prairie zu treffen hatte sie völlig fertiggemacht. Was wirklich schmerzte, war die Erinnerung an die sechziger Jahre, als all die Bubba Prestons der Welt über sie gelacht hatten. Über ihre Träume, ihre Überzeugungen, ihre Politik, ihre Hoffnungen – sogar über die Art, wie sie lebten. Camilla hatte unter diesem Gelächter immer sehr gelitten. Jetzt war Prairie zerstört, und Bubba gehörte zu denjenigen, die in Austin das Sagen hatten. Sie konnte es kaum ertragen.

Sie war kurz davor, sich umzudrehen und den Laden zu verlassen, als ihr die Frau in dem Café erneut ins Blickfeld geriet, die sie ebenfalls wieder anstarrte. Die Frau hatte sich erhoben und sah Camilla irgendwie erschrocken an. Jetzt, nachdem Camilla sie direkt betrachtete, kam sie ihr sogar noch merkwürdiger vor. Sie trug ein bodenlanges schwarzes Kleid und eine lange Silberkette, an der irgendein glänzender Anhänger hing, eine Aufmachung, die selbst für den Alternativladen von Hill Country ungewöhnlich war. Ihr Gesicht war blaß, oval, mit auffällig exakt gebogenen schwarzen Augenbrauen. Über ihrer Stirn war das Haar so perfekt aufgetürmt, daß Camilla dachte, wahrscheinlich zupft sie sich nicht nur die Brauen, sondern auch den Haaransatz.

Camilla starrte zurück, und ihre Blicke trafen sich. Dann wandte sie sich bewußt ab und machte mit ihren Einkäufen weiter.

Obwohl der Abend inzwischen viel von seinem Reiz verloren hatte, schritt Camilla resolut aus, machte Halt vor den Dosen mit getrockneten Früchten, verweilte bei den Feigen, den Datteln, überzuckerten, getrockneten Aprikosen und tief orangefarbenen Papaya-Schnitzen. Sie ging an den offenen Säcken mit Nüssen und Getreide vorbei, um sich dann bei all den vielerlei Käsesorten ganz zu vergessen: Havarti, Port Salut, Boursin, Brie, Rohmilch-Cheddar, Cheshire und Gloucester.

Und Schokoladenquark. Sie lächelte, als sei er extra für sie hingestellt worden, und nahm einen Becher. Sie würde eine knusprige dünne Waffel dazu kaufen und den Gaumen danach mit Apfelschnitzen glätten. Hinterher würde sie sich ein Glas Wein genehmigen – oder mehrere. Der Kräutertee konnte warten.

Sie summte vor sich hin. Prairie und die seltsame Frau mit den starrenden Augen waren bereits vergessen.

»Schwester!« schrie eine schrille Stimme, die zu einem Menschen gehörte, der unbemerkt an ihrer Seite aufgetaucht war.

Camilla stieß einen Schrei aus und ließ den Quark fallen. Neben ihr stand eines der seltsamsten menschlichen Wesen, das sie je zu Gesicht bekommen hatte: ein Mann, dessen taillenlanges Haar mit einem alten Gummiband zu einem Pferdeschwanz gebunden war, und einer Brille mit Drahtgestell, deren Gläser halb so dick wie Camillas Daumen waren. Er war kleingewachsen, dürr, und sein Gesicht zeigte noch die Spuren einer früheren Akne. Bekleidet war er mit verschiedenartigsten alten, bunten Gewändern, die nur von den letzten Flohmärkten der Stadt stammen konnten.

»Drück mir was in die Hand, Schwester!« forderte er.

Camilla war völlig verblüfft. »Was?« fragte sie. Haute er sie etwa um Geld an? Hier?

Er hielt ihr eine aufgehaltene Hand entgegen. »Hab ein Herz, Schwester! Gib mir was!«

»Mein Gott«, murmelte Camilla und starrte ihn an. An ausgefransten Schnüren hing ein höchst eigenartiges Gebilde über seiner Schulter. Es war der untere Teil einer großen Plastikflasche, die in einer gehäkelten Halterung steckte, an die Schnüre geknotet waren. Die Flasche war mit Wasser gefüllt, auf dem irgendeine kleine Pflanze schwamm. Auf der anderen Schulter saß eine große zahme Eidechse, möglicherweise eine Iguana. Zu guter Letzt hatte er hinter beide Ohren Blumen geklemmt, die Ausbeute aus den Nachbargärten.

Camilla stellte fest, daß das der »Dinosaurier« war, den Butch erwähnt hatte. Ein kurzer Blick in seine Augen verriet ihr, daß er nicht ganz normal war, und, in der Hoffnung, dieses Signal würde ihm genügen, um wegzugehen und sie in Frieden zu lassen, wandte sie sich wieder den Käsesorten zu.

Aber Menschen wie er verstanden keinen Wink. »Hab ein Herz, Schwester«, wiederholte er. »Willst du mir nicht was Gutes tun?«

Camilla war vollkommen sicher, daß er verrückt war. Sie wußte auch, daß er nichts Böses wollte, daß er trotz der Zweideutigkeit, mit der jemand seine Worte vielleicht verstehen mochte, er sie ganz schlicht und aufrichtig meinte. Aber sie trat einen Schritt zurück. »Geh weg«, sagte sie, »geh weg und laß mich zufrieden.«

Auch er trat zurück, auf seinem Gesicht begann sich ein verwirrter, verletzter Ausdruck abzuzeichnen.

Camilla ging zum anderen Ende des Ganges, wo sie stehenblieb und so tat, als betrachte sie fröhlich die bunten Verpackungen der Kräutertees. Kurz darauf hörte sie wieder seine Stimme, mit der er eine andere Schwester anflehte, ihm was zu geben. Aber diesmal war nicht sie gemeint. Diesmal hatte er Prairie gestellt.

Camilla beobachtete alles aus dem Augenwinkel. Sun und Wheat sahen lächelnd zu dem verrückten Mann hinauf, während Prairie die Hand ausstreckte, um die Finger des Fremden zu berühren.

Und im Hintergrund, beim Kassentisch, stand die Frau in Schwarz und beobachtete sie alle, als wären sie Marionetten auf einer Bühne.

Camilla ergriff die Flucht, vorbei an dem Wein, den Plastikbehältern mit Kräutershampoo, vorbei an den kleinen, teuren Flaschen mit Aloe-Extrakt und Duftölen. Sie bog um eine Ecke, packte einen Becher saure Sahne und ein Paket grüne Zwiebelchips und beschloß, nach Hause zu gehen.

Dann hielt sie inne. Zuletzt hatte sie die Frau, die sie angestarrt hatte, an der Kasse gesehen. Wenn sie jetzt ging, würde sie ihr unweigerlich begegnen, und sie hatte nicht die Absicht, ohne ihre Einkäufe nach Hause zu gehen – nicht nach allem, was sie durchgestanden hatte. Vielleicht war die Frau gerade am Gehen; Camilla wollte warten, bis sie weg war. Sie ging zu dem Café in der Ecke zurück und setzte sich mit dem Rücken zum Laden an einen der Tische. Als ein schlaksiger junger Mann mit kurzem Bart sie nach ihrer Bestellung fragte, stellte sie fest, daß ihr der Appetit auf Minestrone vollkommen vergangen war. Niedergeschlagen bestellte sie Karottensaft und spielte dann unentschlossen mit dem Glas herum.

Sie bemerkte, daß ihre Hände kalt waren, genau wie nach der Begegnung mit Bubba Preston. Diese Erkenntnis machte sie ärgerlich, und unwillkürlich traten ihr Tränen in die Augen. Ein Gefühl wie Heimweh überkam sie, nach einer Zeit, die lange, lange vorbei war. Sie erinnerte sich an ihren ersten Tag in Austin vor fünfzehn Jahren, als sie siebzehn war, und an die Freude, an solch einem Ort ungebunden leben zu dürfen. Im Schneidersitz hatte sie auf dem abgenutzten Holzboden im Apartment eines Freundes gesessen und hatte voller Glück, erwachsen und endlich von zu Hause fort zu sein, selbstbewußt eine Zigarette geraucht. Damals war Austin noch Neuland für sie, voll von verfallenden alten Häusern, jungen Leuten, ihrer Musik und einer Menge Bier. Jene Zeit, als Janis Joplin um die Ecke gewohnt hatte, war noch nicht allzulange her; jene Sommer, als Fragen, Träumen und Plänemachen zum Leben gehörten. Und keiner hatte jemals gedacht, daß sie zu Ende gehen könnten.

All das war nun vorüber. Alles, was aus dieser Zeit übriggeblieben war, war eine Schar alternder geschlagener Menschen, die keinen Platz in der Welt hatten. Butch und Clay hatten recht, sie waren Dinosaurier.

Camilla legte den Kopf in die Hände. Und was war sie? Zumindest hatte sie ein Haus, einen Job und einige Sicherheit, auch wenn sie sich elend fühlen mochte und nie zum Malen kam. Aber es half nichts, am nächsten Tag mußte sie frühmorgens wieder zu Preston und den Vorbereitungen für die eidesstattlichen Aussagen zurück. Frühmorgens. Sie hob den Kopf, trank den Karottensaft aus und sammelte sich soweit, um sich auf den Heimweg zu machen.

»Darf ich mich eine Minute zu Ihnen setzen?« fragte jemand hinter ihr. Camilla wandte sich um und sah die Frau in Schwarz hinter sich stehen.

Sie suchte nach Worten, um dieser Frau zu sagen, sie solle sich zum Teufel scheren. Aber bevor sie antworten konnte, fügte die Frau eilig hinzu: »Sie sehen so unglücklich aus. Sie befinden sich in einem solchen Aufruhr, daß ich das durch den ganzen Laden hindurch gespürt habe.

Können wir uns nicht unterhalten?« Ohne Camillas Antwort abzuwarten, ließ sich die Frau ihr gegenüber nieder. »Mein Name ist Morwenna«, fuhr sie fort, »Lady Morwenna. Vielleicht kann ich helfen.«

Camilla sah die Frau nur an. Ihr fehlten die Worte.

»Schauen Sie doch nicht so erschrocken«, sagte Lady Morwenna. »Ich habe Ihren Kummer sofort gespürt, als Sie zur Tür hereinkamen. Das hat mich ziemlich mitgenommen, es war so stark. Im Moment haben Sie den ruhelosesten Geist hier, und wenn ich so sagen darf, es ist nicht sehr angenehm, in Ihrer Nähe zu sein. Ich möchte Sie nicht belästigen, aber ich konnte Sie einfach nicht ignorieren, selbst wenn ich gewollt hätte.«

»Sind hier eigentlich alle verrückt?« fragte Camilla klar und deutlich. »Bitte gehen Sie.«

»Habe ich mich tatsächlich so getäuscht? Sagen Sie mir, daß Sie wirklich keine Sorgen haben, und ich gehe.« Lady Morwenna sah ihr direkt in die Augen. Camilla senkte den Blick.

»Sie haben recht«, sagte sie. »Aber es geht Sie nichts an. Lassen Sie mich in Ruhe.«

»Aber natürlich geht es mich etwas an. Die ganze Menschheit geht mich etwas an.«

»O Gott«, murmelte Camilla leise.

»Ich bin die Hüterin bestimmter ... Kräfte. Wenn ich sie nicht dazu verwende, anderen zu helfen, verschwende ich die Gabe.«

Camilla seufzte. Offensichtlich war die Frau Anhängerin irgendeines Kults. »Haben Sie ein Abzeichen?« fragte sie. »Oder soll ich raten.«

»Ich bin eine Hexe«, sagte Lady Morwenna.

Camilla legte wieder den Kopf in die Hände. »Gehen Sie.«

Die Frau sah sie mit dem Ausdruck größter Geduld an. »Sagen Sie mir, was nicht in Ordnung ist. Jedesmal, wenn ich Sie hier mit einer anderen Person zusammentreffen sah, wurden Ihre Qualen schlimmer.«

Camilla sah auf. »Alte Erinnerungen«, sagte sie mit einem Anflug von Sarkasmus in der Stimme, »oder etwas, wovon man sich wirklich befreien sollte. Geister.«

»Aus Ihrer Vergangenheit?«

Camilla lehnte sich zurück und starrte Lady Morwenna an. »Hör mal, Schätzchen«, sagte sie, »hau ab.«

»Sie sind ziemlich skeptisch. Sie halten mich für eine Verrückte«, antwortete sie. »Nun, sagen Sie mir eines: Haben Sie jemals von Wicca gehört? Wissen Sie, was das ist?«

»Nein, und es interessiert mich auch nicht.«

Lady Morwenna ließ sich nicht beirren. »Wicca ist die älteste und die mächtigste Religion. Sie bedient sich der Kräfte der Natur und des eigenen Willens, um die Welt zu beeinflussen. Sie selbst haben einen sehr starken Willen und eine sehr starke schöpferische Kraft in sich – ich kann sie spüren. Aber Ihr Leben ist in die falsche Bahn geraten, die schöpferische Kraft ist blockiert, und Ihr Wille steht kurz vor dem Zusammenbruch. Sie brauchen Hilfe, um Ihre Kräfte zu kanalisieren und zu kontrollieren, oder Sie werden sich und anderen nicht wiedergutzumachenden Schaden zufügen. Sie sind ziemlich gefährlich, meine Liebe. Sie sind wie eine Zeitbombe. Ich könnte Ihnen vielleicht helfen.«

Dieses Gespräch über ihre Person vermittelte Camilla ein äußerst unbehagliches Gefühl. »Gehören Sie zu den Leuten, über die ich in Illustrierten gelesen habe?« fragte sie. »Haben Sie es mit Schwarzen Messen, Katzen und solchem Zeug?«

»Sie meinen die Satanisten?« Lady Morwenna lachte. »O nein – ganz im Gegenteil. Die Satanisten sind bloß ein dämliches Volk, das von der Auflehnung gegen die christliche Kirche besessen ist. Die sind nichts weiter als ein paar fehlgeleitete Kirchenanhänger. Nein, Wicca ist etwas ganz Eigenständiges, eine eigene Religion, die viel älter ist als die Satanisten oder diese feinen Christusanhänger.«

Camilla sah sich mit gleichgültigem Blick im Café um. »Rekrutieren Sie hier üblicherweise Ihre Anhängerschaft?«

Darauf reagierte Lady Morwenna schließlich ärgerlich. »Offen gesagt«, erwiderte sie, »ich saß hier ganz für mich und ließ mir die herrliche Minestrone schmecken, als Sie mit Ihrem inneren Aufruhr hereinmarschiert kamen. Man konnte Sie ungefähr so leicht ignorieren wie eine lärmende Rockband. Was sollte ich machen – danebenstehen wie gewisse Leute in New York und zusehen, wie Sie verletzt werden?«

»Also gut«, sagte Camilla. »Ich glaube, Sie meinen es ehrlich. Aber ich halte Sie dennoch für eine Verrückte. Sehen Sie: Ich habe ein paar Probleme bei meiner Arbeit und in meinem Privatleben. Früher habe ich viel gemalt, aber heute komme ich nicht mehr dazu. Ich bin in einer Welt gefangen, die mir nicht gefällt. Aber ich sehe keinen möglichen Ausweg. Ich kann nicht ins Jahr neunzehnhundertachtundsechzig zurück und noch mal anfangen. Damals war ich wirklich glücklich, ich dachte, es würde anhalten, und all diese Leute in dem Laden hier erinnern mich daran. Deshalb bin ich niedergeschlagen. Das geht wieder vorbei.«

Lady Morwennas Augen waren weit aufgerissen. Die Frau hatte wirklich riesige Augen, dachte Camilla. Diese Augen machten sie nervös. »Sie müssen Ihren Konflikt auf bessere Art bewältigen«, sagte Lady Morwenna, »oder es wird jemand verletzt werden.«

»Ach«, antwortete Camilla, »vielleicht ein bestimmter Anwalt, den ich einen Fahrstuhlschacht hinunterstürze.«

»Machen Sie keine Scherze!« gebot Lady Morwenna in scharfem Ton. »Sie haben einen sehr kraftvollen Geist ... und eine kraftvolle Psyche. Sie könnten eine Hexe werden, wenn Sie wollten. Deshalb fühlte ich mich von Ihnen angezogen. Hatten Sie nie ein Erlebnis, das meine Vermutung bestätigen würde?«

Camilla rutschte auf ihrem Stuhl hin und her. »Einmal

hat mich ein hyperaktives Ouija-Brett erschreckt«, räumte sie ein. »Aber ich glaube an solches Zeug nicht.«

»Das sollten Sie aber lieber. Sie sind wie ein Pulverfaß, das auf den richtigen Funken wartet, um einen Flächenbrand auszulösen.«

Unwillkürlich erschauerte Camilla. Sie erhob sich und sah die Frau an. »Tut mir leid«, sagte sie, »aber ich muß mich auf den Heimweg machen, bevor das Unwetter losbricht. Ich muß früh raus und habe in der wirklichen Welt eine Menge Arbeit zu erledigen.«

Lady Morwenna verzog das Gesicht, und ein fast mitleidiger Ausdruck trat in ihre Augen. Ohne sich umzudrehen, ging Camilla zu der Schlange an der Kasse zurück, reihte sich ein und wartete.

Es war zum Verrücktwerden, wie lange der trübsinnige Kassierer brauchte, um die Einkäufe der Kunden einzutippen. Camilla wurde nervös. Prairie und ihre Kinder waren in der Nacht verschwunden, als hätten sie nie existiert, und der verrückte kleine Mann mit der Eidechse und der Cola-Flasche schlenderte zur Ausgangstür.

Unerklärlicherweise verspürte Camilla einen Drang, ihn zu warnen, ihm zu sagen, er solle vorsichtig sein. Sie runzelte die Stirn und versuchte herauszufinden, was der Grund für dieses Gefühl sein konnte. Sicher die Vorstellung, wie er allein und ungeschützt die Drag hinunterging, sagte sie sich – die Drag, die voller Autos mit betrunkenen Verbindungsstudenten war.

Aber er verließ den Laden, und leicht ärgerlich verscheuchte sie ihn aus ihren Gedanken. Unerträglich langsam bewegte sich die Schlange voran. Camilla kochte und fragte sich entrüstet, wie der Laden es überhaupt schaffte, zu überleben.

Schließlich tippte der Kassierer ihre Einkäufe ein. Sie bezahlte und begann ihre Lebensmittel einzupacken.

»Jaa – ha!«

Draußen brach jemand in kreischendes und ausgelassenes Gebrüll aus, als würde direkt vor der Tür ein Football-Spiel stattfinden und hätte Texas gerade einen Touchdown gemacht. Eine Gänsehaut überlief Camillas Arme. Dann hörte sie, wie ein Wagen mit quietschenden Bremsen zum Stehen kam. Und nach einer kurzen Pause hörte sie, wie zwei schwere Autotüren zugeschlagen wurden.

Gleichzeitig setzte ein Donnern ein. Camilla sank das Herz; das Unwetter war da.

Draußen ertönte wieder ein Gebrüll. Von plötzlicher Unruhe gepackt, riß Camilla ihre Einkäufe an sich und eilte hinaus.

Sie kam auf der Seite der Guadeloupe Street heraus und ging auf dem Gehsteig die Straße hinunter. Es war fast stockdunkel, und ein furchtbarer Sturm war aufgekommen. Sie war viel länger in dem Laden geblieben, als sie eigentlich gewollt hatte.

Plötzlich hielt sie abrupt an. Vor ihr parkte verkehrswidrig ein riesiger glänzender Cutlass Supreme, blockierte einen Teil der Straße, den Gehsteig und einen guten Teil des Parkplatzes. Im Licht der Straßenbeleuchtung, silbrig schimmernd, erkannte sie ein Verbindungswappen, und Camilla schwor sich, die Polizei zu rufen – gleichgültig, ob das etwas bringen würde oder nicht.

Sie hörte Stimmen. Laute, betrunkene Stimmen. Mit zusammengekniffenen Augen spähte sie um die Ecke des Gebäudes auf den Parkplatz und erstarrte.

»Hey Mann, nimm noch ein Bier«, grölte eine vertraute Stimme. Einen Augenblick später hörte man Flüssigkeit auf den Asphalt klatschen.

»Na, was sagste?« brüllte jemand anderes, leicht lallend. Camilla spürte, wie ihr der Atem stehenblieb. Die Stimmen gehörten Butch und Clay.

»Was haste eigentlich in dem Ding?«

Dann ertönte eine dritte Stimme, fistlig und ängstlich. Wieder hörte sie das Geräusch von aufklatschender Flüssigkeit.

»Mein Gott, nimm ihm das Ding von der Schulter«, befahl Butch.

Als wäre es ihr eingeätzt worden, nahm Camilla das Bild dieser Szene in sich auf. Butch und Clay hielten den verrückten kleinen Mann aus dem Laden fest und hatten ihm den Wasserbehälter mit der Pflanze heruntergeschlagen. Vor ihren Augen packte Butch die Eidechse und schlug sie so fest er konnte auf den Boden. Wieder hörte man quietschende Bremsen und einen bellenden Fluch. Dann fuhr der Wagen weiter.

Der Wind blies, und plötzlich war es sehr kalt. Der Himmel war dunkel, abgesehen von dem gelben Schimmer der Straßenlaternen, die sich in den niedrighängenden, häßlichen Wolken reflektierten.

Camilla begann vor Wut und Ekel zu zittern. »Warum läufste auch mit dem ganzen Mist rum?« hörte sie Butch fragen.

»Der gibt keine Antwort«, sagte Clay.

»Laß mich nur machen. Pack seine Arme.«

Eine kurze Pause trat ein, dann das Geräusch eines Handgemenges. »Ich hab' ihn.«

»He, du Esel, sag was.«

Noch immer keine Antwort. Butch murmelte etwas, was sie nicht verstand, und danach hörte man das Geräusch einer Faust, die auf etwas Festes traf. »Das gefällt dir nicht, ha? He, sag was, ich red' mit dir!«

Camilla stellte ihre Lebensmittel ab. Sie bekam fast keine Luft, so stark war das Würgen in ihrem Hals. Sie fühlte sich wie versteinert, hatte Angst, sich zu rühren oder sonst etwas zu tun. Sie war ein Feigling, stellte sie fest, und die Erkenntnis widerte sie an.

Aber was konnte sie machen? Wenn am Ende des Jahres nur ein Partner gegen sie stimmte, würde sie nicht Teilhaberin werden, und sie wäre aus dem Rennen. In Austin würde sie nichts mehr finden, alles würde von da an bergab gehen. Ihr eigenes Leben stand auf dem Spiel.

Butch zog seine Faust zurück und schlug noch mal zu. Camilla zuckte zusammen, als hätte er auch sie getroffen. Und dann brach irgendein Damm in ihr. Sie nahm nichts wahr außer dieser riesigen Wut, die in ihr aufkam und kurz vor dem Ausbruch stand. Sie ging auf die drei zu.

Clay sah sie als erster. »O mein Gott«, rief er aus und ließ einen Moment den kleinen Mann los. »O verdammt, Butch, sieh mal!«

Butch sah auf. Ihm blieb der Mund offen stehen.

In der Straßenbeleuchtung erkannte Camilla die leere Plastikflasche auf dem Boden, die zerschmetterte Pflanze und daneben, mit hängendem Kopf, stand die schmächtige Gestalt.

Sie ballte die Fäuste, immer wieder und wieder. »Was würde dein Vater dazu sagen?« zischte sie. Die Wut ließ nicht nach; ihrer Meinung nach hörte sie sich wie eine Lehrerin an.

Clay warf den Kopf zurück und lachte. »Sein Vater? Der würde sagen, gute Arbeit, Junge, dem Geschmeiß auf der Drag mal richtig einzuheizen!«

Camilla befiel eine Kälte, als hätte er sie geschlagen. »Grausam wie du bist, schämst du dich noch nicht mal«, sagte sie.

Butch sah sie verächtlich an.

Er wandte sich an Clay. »Sag mal, begreifst du, was du da hörst?«

»Laßt ihn gehen«, sagte Camilla. Ihre Stimme begann zu zittern. »Ansonsten rufe ich die Polizei. Ich sorge dafür, daß ihr vor Gericht kommt.«

»Dann sorge ich dafür, daß mein Vater Sie rauswirft«, antwortete Butch.

»Zum Teufel mit ihm. Zum Teufel mit dir.« Sobald die Worte ausgesprochen waren, hallten sie in ihren Ohren wider wie eine Zauberformel. Laut und schmerzhaft vernahm sie ihren Herzschlag.

Über ihnen strahlten Blitze auf. Fast im gleichen Moment brach der Donner los. Die Elektrizität in der Luft ließ Camillas Haare zu Berge stehen und schien durch jede Faser und jeden Follikel in sie einzudringen. Sie ging einen Schritt auf Butch und Clay zu; unerklärlicherweise ließen sie den kleinen Mann los und traten zurück.

Er beugte sich hinunter, hob die Plastikflasche auf, klaubte die Reste seiner Pflanze zusammen und legte sie hinein. »Lauf weg«, drängte ihn Camilla, aber er hörte nicht auf sie. Langsam und schweigend wandte er sich ab, ging die Straße hinunter und verschwand in der Nacht.

Camilla sah Butch und Clay an. Ein plötzlicher Windstoß hatte Blätter hinter ihnen aufgewirbelt.

Für Camilla blieb die Zeit stehen. Die Luft schien von einer dumpfen Kraft, etwas Magischem, erfüllt zu sein. Plötzlich spürte sie, wie sich die Wut in ihr Bahn brach.

»Du blödes Miststück«, sagte Clay.

Butch ging auf den Cutlass zu. »Geh mir aus dem Weg«, sagte er. Camilla wurde plötzlich klar, daß er Angst hatte.

Sie holte tief Luft. Besessen von dem Zorn, ganz unwillkürlich, als wäre sie ein Medium für etwas anderes, viel Stärkeres und Gnadenloseres als sie selbst, sagte sie mit ruhiger Stimme:

»Ihr seid Ungeheuer, also sollt ihr wie Ungeheuer aussehen.«

Butch und Clay sahen sich an, in ihren Augen stand plötzlich Nervosität. Butch stopfte die Hände in die Hosentaschen. Wieder flammte über ihnen ein Blitz auf, auf den gleich danach ein Donnerhall folgte.

Zunächst geschah nichts. Dann begann sich Butchs Gesicht zu verändern. Es zerfloß, veränderte die Form und nahm die Gestalt von etwas Flüssigem, Schrecklichem und Bösem an. Die gefletschten Zähne wurden lang und spitz, die Augen rot und hervorquellend. Die Haut wurde rauh und fiel in dicken Falten über Stirn und Augenbrauen, die zusehends einsanken und wulstig wurden. Clay schrie. Das Ding, das einmal Butch gewesen war, wandte sich ihm mit einer verstörten Bewegung zu. Es sah auf seine Hände; dann schrie es auch.

Selbst in dem künstlichen, gelben Licht der Straßenbeleuchtung konnte Camilla sehen, wie Clay blaß wurde, als er an die Reihe kam. Er riß die Hände zum Gesicht, krallte die Nägel hinein und versuchte die Veränderung aufzuhalten, die auch ihn ergriffen hatte.

Butch taumelte zu dem Cutlass und stieß den Außenspiegel nach oben. Er beugte sich hinunter und starrte auf sein Spiegelbild. Verwirrte, kehlige Laute entströmten seinem Mund, und Camilla bemerkte, daß er sprechen wollte. Dann ballte er seine mißgestaltete Hand zu einer Faust und schlug in einem vergeblichen Versuch, den Spiegel zu zerbrechen, immer wieder auf ihn ein.

Jetzt trat Camilla zurück. Sie legte die Hände auf die Ohren, um ihre Schreie nicht zu hören. Sie mußte unbedingt von hier weg – das einzig Wichtige war, diese Ungeheuer so weit wie möglich hinter sich zu lassen. Man konnte sie dafür nicht verantwortlich machen; sie konnte nur fliehen, mehr nicht.

»Nein«, sagte eine Stimme. »Du mußt hierbleiben.«

Camilla fuhr herum. Blitze flackerten, die Straße war leer, mit Ausnahme von einer Person, die im Schatten unter der Ladenmarkise stand.

»Morwenna«, sagte sie, »hilf mir. Was soll ich machen?«

Morwenna ging langsam auf sie zu. Sie sah auf Butch und Clay, die wimmernd auf einer Seite des Autos kauerten. Morwennas Schultern sanken herab; in dem trüben Licht erschien sie Camilla plötzlich sehr müde.

»Was ist geschehen?« fragte Camilla.

Morwenna sah zu ihr auf. »Weißt du es nicht?« fragte sie mit abweisender Stimme. »Du hast sie verhext – mit irgendeinem Zauber.«

Camillas Herz setzte für einen Moment aus. »O Gott«, sagte sie, »kannst du ihn wieder lösen?«

Morwenna antwortete nicht. »Ein Spiegelzauber«, sagte sie wie zu sich selbst und trat noch einen Schritt auf Butch und Clay zu, die sich gegen die Tür des Cutlass preßten.

»Was ist das?« Morwenna gab noch immer keine Antwort, obwohl Camilla ihre Frage fast herausgeschrien hatte.

»Du hast ihre eigene Grausamkeit gegen sie gewendet«, sagte Morwenna und sah Camilla an. »Als wärst du ein Spiegel, der das Licht reflektiert.«

»Kannst du es wieder rückgängig machen?«

»Ich bin mir nicht sicher.«

»Aber du bist doch die Hexe!«

Morwenna seufzte. »Ja, aber ich bewege mich im Bereich der weißen Magie, und das ist schwarze.«

Camilla sah die Frau verblüfft an. »Das kann nicht sein. Das sind schreckliche, grausame Menschen. Sie haben es nicht anders gewollt. Ich sage dir, was sie getan haben –«

Morwenna hob die Hand und gebot ihr zu schweigen. »Das ist Rache«, sagte sie, »und deshalb ist es schwarze Magie.«

»Kannst du nichts machen?«

Wieder krachte ein Blitz, Camilla fuhr hoch. Das Gesicht der Hexe wandte sich ihr zu, und Morwenna sagte: »Vielleicht. Ich kann es versuchen.«

»Beeil dich, bevor jemand kommt«, flüsterte Camilla.

Morwenna ging auf den Wagen zu, vor dem Butch und Clay kauerten und sich ständig mit den Händen über die Gesichter strichen. Sie gaben kehlige, wimmernde Laute von sich, als sie sich ihnen näherte. Sie sah auf die beiden nieder und sagte mit gelassener Stimme: »Natürlich sind sie schrecklich und grausam. Sonst hättest du sie nicht in solche Schweine verwandeln können. Du warst nur ein Medium, als du den Zauber ausgeführt hast – ihre Bosheit wurde durch dich hindurchgeleitet und zu der Quelle zurückgeführt. Aber es stand dir nicht zu, diese Strafe gegen sie zu verhängen.«

»Ich habe es nicht absichtlich gemacht«, zischte Camilla.

»Deshalb bist du so gefährlich.« Morwenna streckte die Hände nach den beiden zusammengekrümmten Gestalten aus und legte sie ihnen sehr vorsichtig auf die wulstige Stirn.

Beide Körper bäumten sich auf und entspannten sich wieder, die Augen geöffnet. »Was machst du?« fragte Camilla.

»Ich versuche etwas von dem Bösen herauszuziehen – wie Gift aus einem Schlangenbiß. Dann werde ich den Zauber lösen.«

»Wie?«

»Mit Meditation. Disziplin. Jetzt sei bitte still.«

Morwenna schloß die Augen, als konzentriere sie sich. Sekunden, Minuten verstrichen, aber nichts geschah.

»Warum geht es nicht?« fragte Camilla.

»Dein Zauber ist sehr stark«, antwortete Morwenna und fiel dann wieder in Schweigen. Nach einiger Zeit glaubte Camilla, die schrecklichen Gesichter vor ihr verschwömmen und lösten sich auf; ein wenig später war sie sicher. Die Züge schmolzen wie Wachs und formten sich neu unter Morwennas Willen. Quälend langsam nahmen sie ansatzweise wieder ihre frühere Gestalt an.

Abrupt fuhr Morwenna zurück. »Mehr schaffe ich nicht«, sagte sie. In dem schwachen gelben Licht der Straßenbeleuchtung sah es aus, als hätte sich ihr eigenes Gesicht verändert. Es hatte eine gelbliche Farbe angenommen, die nicht gänzlich der trüben Beleuchtung zuzuschreiben war, und das Gewebe war dick und schwammig geworden. Es war mit Falten durchzogen und wirkte abgehärmt, wie von jahrelanger Unzufriedenheit und übler Laune gezeichnet, und in den Augen lag ein Anflug von Bosheit.

»Geht's dir gut?« fragte Camilla zweifelnd.

»Ich muß hier fort und mich davon befreien.«

»Was wird mit ihnen?« Camilla deutete auf Butch und Clay. Die beiden hatten sich auf die Knie erhoben und sahen benommen und verängstigt aus.

Morwenna stieß ein dreckiges Lachen aus. »Das wirst du gleich sehen.«

»Sie sehen ganz in Ordnung aus«, sagte Camilla. Während die beiden Frauen sie betrachteten, zogen sich die beiden Jungen am Außenspiegel des Cutlass auf die Füße. Sie starrten sich an und befühlten mit zitternden Händen ihre Gesichter. Dann klopften sie sich den Staub ab und sahen die Frauen angstvoll an.

Butch straffte die Schultern. »Wir sehen vielleicht Sachen, Mann«, sagte er zu Clay und klopfte ihm auf den Rücken. »Los, wir hauen hier ab.«

Er beugte sich hinunter, um sich vor dem Spiegel das Haar zu ordnen. Und dann stieß er einen gellenden Schrei aus. »Verdammt, Clay, schau! Es ist nicht weg!«

Clay schob ihn beiseite und sah ebenfalls in den Spiegel. Dann stieß auch er ein Geheul aus, das Camilla einen eisigen Schauer über den Rücken jagte.

»Sie sehen ganz genauso aus wie immer«, sagte Morwenna. »Für andere Leute. Aber solange sie Ungeheuer bleiben – nun, solange werden sie sich so im Spiegel sehen.«

Butch hatte sie gehört und fuhr herum. Aber Morwenna lächelte ihn grausam und genüßlich an, und er konnte ihrem Blick nicht standhalten.

»Ändert euch«, sagte Morwenna, und über ihnen grollte der Donner. »Ändert euch, und euer Spiegelbild wird wieder die frühere Gestalt annehmen.«

Butch riß die Beifahrertür auf und schob Clay in den Wagen. Dann eilte er auf die andere Seite, ließ sich auf den Fahrersitz fallen und startete den Motor.

»Das ist nur gerecht«, sagte Morwenna und lächelte wieder boshaft.

Sie sahen zu, wie der Wagen langsam auf die Guadeloupe Street einbog und den Laden hinter sich ließ. »Was nun?« fragte Camilla.

Morwenna richtete ihre großen, dunklen Augen auf sie, Augen, die keineswegs freundlich waren. »Du mußt heimgehen«, sagte Morwenna mit gehässiger Stimme. »Du mußt dich um dein eigenes Haus kümmern – deinen eigenen Garten bestellen. So etwas darf nie wieder passieren.«

»Das werde ich«, sagte Camilla. »Das werde ich.«

»Das wäre auch besser«, sagte Morwenna schelmisch. Sie hob die Augenbrauen und sah Camilla an, als koste sie einen ganz privaten Scherz aus.

»Warum sagst du das in diesem Ton?«

Die Hexe lächelte. »Vielleicht habe ich dich auch verzaubert. Warum solltest du aus der Sache ungeschoren davonkommen. Du hast dich noch nicht im Spiegel angesehen, meine Liebe.«

Camilla faßte sich schnell ins Gesicht. Es fühlte sich an wie immer, aber irgendwie wußte sie, daß das nichts zu sagen hatte. »Was hat du mit mir gemacht?«

Morwenna warf den Kopf zurück und stieß ein langes, kreischendes, höhnisches Gelächter aus. »Bring dein Haus in Ordnung, meine Liebe, und vielleicht ist nichts passiert! Sei ehrlich zu dir selbst, und du wirst im Spiegel nichts sehen, wovor du dich zu fürchten hättest! Aber wenn du so weitermachst, kann ich dir nicht versprechen, ob das, was du sehen wirst, hübsch ist.«

»Geh weg«, sagte Camilla. »Befrei dich von dem Zeug, das jetzt in dir ist. Los, geh!«

Morwenna lachte erneut, raffte ihr schwarzes Kleid um sich und ging, ohne zurückzublicken, die Straße hinunter.

Wieder ertönte ein Donnerschlag, dann setzte der Regen ein. Hektisch ergriff Camilla ihre Einkäufe und begann unter der Last unbeholfen durch die Nacht und den peitschenden Regen nach Hause zu rennen. Während sie rannte, faßte sie wütend einen Entschluß nach dem andern. Morgen würde sie die Kanzlei verlassen. Sie würde eine andere Arbeit finden, in einer anderen Stadt, vielleicht sogar in einem anderen Staat. Sie würde ihr Schicksal nicht mit dem der Bubba Prestons dieser Erde vereinen, sich vormachen, sie könne in deren Welt ihre Tage verbringen und ihre Nächte in dem unheimlichen

Dachzimmer voller Farben und Leinwände. Im Moment war sie gespalten und lag im Kampf mit sich selbst. Sie würde diesen Krieg beenden und wieder ein Ganzes werden. Aber sie würde nicht den Weg gehen, den die armen Dinosaurier eingeschlagen hatten, und wie Prairie werden. Sie würde einen neuen Weg finden, einen einzigartigen, einen bislang unversuchten Mittelweg.

Eisige Luft umwehte sie, Regentropfen und Graupelschauer schlugen auf sie ein. Ihr Herz schlug hämmernd, und sie spürte, wie ihr trotz der eisigen Kälte der Schweiß ausbrach. All das würde sie machen, wirklich. Sie würde es so schnell wie möglich hinter sich bringen. Aber wäre es noch rechtzeitig? Konnte sie ihr Haus noch in Ordnung bringen?

Ihre Lungen schmerzten bei jedem Atemzug, aber sie verlangsamte ihre Schritte nicht. Durch die Dunkelheit eilte sie weiter nach Hause, zu ihrem Nest, ihren Farben und dem wartenden Spiegel.

Kij Johnson
Ferata

Ich träume jede Nacht von Mike, wenn ich in meinem heißen, stickigen Schlafzimmer schlafe. Manchmal streiten wir, und immer noch schreiend vergewaltigt er mich, und ich fühle, wie die Herdplatte meinen Rücken verbrennt und den Schmerz jedes seiner Stöße, genauso, wie es war. Manchmal ist es auch anders: Mike ist draußen auf dem asphaltierten Vorplatz, er bricht das kleine Schloß auf und dringt in mein Zimmer ein, und seine Wut ist wie ein glühendes Eisen, das mich verbrennt.

Diesmal ist er in meinem Badezimmer. Er hat es geschafft, sich durch das winzige Fenster mit Milchglasscheibe in der Ecke der Duschkabine hindurchzuzwängen – ich weiß, das ist verrückt, aber im Traum glaubt man eben alles –, und jetzt steht er nackt im Bad, umgeben von nassen Handtüchern. Ich seh', wie sich sein breiter Fuß am rissigen Beton abstützt, eine Backe seines muskulösen Hinterns sitzt auf dem Waschbecken.

Ich schrecke auf, meine Augen starren zu der billigen Gipsdecke hoch. Es ist schon dunkel. Die Zahlen der Digitaluhr leuchten mich bläulich an: 1:38. Ich hatte den Wecker auf acht gestellt, aber er hat wohl nicht funktioniert, und ich hab' in die Nacht hineingeschlafen. Jetzt lieg' ich hier allein im Dunklen, und Mike ist im Badezimmer und wartet. Ich lausche angespannt in die Stille, die beweisen wird, daß das wieder mal nur ein Traum war, aber mein Herz schlägt so laut, daß ich gar nichts anderes wahrnehmen kann. Ich packe die Schneiderschere, die unter meinem Kopfkissen liegt, ich schluchze »Verdammt noch mal, einmal muß es ja sein« und springe aus dem Bett, die Schere wie ein Messer in meiner Hand.

Im Bad ist niemand. Es ist dunkel, das weiße Porzellan von Waschbecken und Toilette glänzt sanft im dämmrigen Licht, das durch das winzige Fenster hereinfällt. Plötzlich wird mir übel, und es kommt mir hoch; ich werfe die Schere ins Waschbecken und knie mich hin und breche und breche, bis ich nicht mehr kann. Schließlich ist es vorbei, und ich stütze meine Stirn am feuchten Spülkasten der Toilette auf.

Draußen öffnet sich eine Wagentür, und Schritte knirschen auf dem Kies. In neuer Panik schlüpfe ich in das tief ausgeschnittene Sommerkleid, das auf meinem Bett liegt, denk' an meine Narben und zieh' eine langärmelige Bluse drüber. Der Stoff klebt an meiner feuchten Haut. Es kommt mir wieder hoch, aber ich hab' keine Zeit, er könnte ja schon an der Tür sein. Ich laufe auf den kleinen Hof vor meiner Wohnung, die Schere in der Hand.

Meine Wohnung sieht so winzig im bläulichen Licht der Straßenbeleuchtung aus. Früher war es eine Tankstelle, ein düster wirkender Haufen von Zementblöcken, der an eine Plattform aus gesprungenem Asphalt stößt. Als Mike und ich einzogen, fanden wir diese Wohnung sehr lustig.

Das Auto ist woandershin gefahren. Hier im Hof seh' ich nur Schatten und den unförmigen Umriß von meinem Buick. Wieder höre ich Schritte auf dem Kies, aber nebenan, und über die hohe Mauer hinweg, höre ich die Stimmen von jungen Spaniern und das Zischen beim Öffnen einer Bierbüchse. Als ich die Wagentür öffne, mache ich mir die Finger schmutzig. Staub klebt an meinen Beinen, als ich mich auf den schmutzigen Plastiksitz setze. Der Motor startet erst nach mehreren Versuchen.

Es ist ruhig bei Vic, es ist die Zeit, wo die letzten Betrunkenen nach Hause gehen und die ersten Junkies von ihrem Abendschuß runterkommen.

»Hey, El.« Tony taucht mit einem Arm voll Tellern in die Küche. »Ich bin gleich wieder da.« Die stahlverkleidete Tür schwingt hinter ihm noch mal auf, und einen Augenblick lang höre ich den Grill zischen und rieche das verbrannte Fleisch. Ich zucke zurück und setz' mich an die Theke, weit weg von der Schwingtür. Als Tony wieder erscheint, greift er nach einer Tasse und einer Plastikkanne und stellt sie neben mich.

Die üblichen Gäste sind da, ein paar Männer in schmutzigen Hemden und fleckigen Stiefeln von der Nachtschicht, drei Teenager in Lederjacken, an einem Tisch sitzen Frauen in papageienbunten Kleidern und Männer in Smokingjacken, die europäische Zigaretten rauchen. Ich schätze, das sind irgendwelche Adeligen, die sich eine Nacht lang unters Volk mischen.

Der Kaffee schmeckt entsetzlich und beißt mich in den Magen. Meine Hände zittern beim Nachschenken, aber ich trink' das Zeug irgendwie in mich rein und kämpfe gegen meine Erschöpfung an. Mein Rücken tut weh, und ich hab' einen bitteren Geschmack im Mund. Die Kaffeekanne ist leer.

»Tony?« Er steht ein paar Schritte von mir entfernt hinter der Theke, lehnt sich gegen den Cola-Automaten, rührt sich aber nicht. Mit glasigen Augen starrt er zur Eingangstür hin. Ich dreh' mich auf meinem Hocker um.

Sie schwebt durch die offene Tür herein, eine weiße Frau in einem roten Kleid. In Wellen steigt die noch vom Tag aufgespeicherte Hitze vom Straßenpflaster auf und läßt den Wagen hinter ihr im blauen Straßenlicht hin und her schwanken. Es ist eine rote Corvette, mit schwarz getönten Scheiben, und auf dem kalifornischen Nummernschild steht FERATA.

Sie ist deutlich über einsachtzig groß. Ihre üppigen Rundungen stecken in einem roten, maßgeschneiderten Lederkleid: hochgeschlossen, ärmellos und mit einem übergroßen schwarzen Gürtel um die Taille. Davon abgesehen, ist sie schneeweiß, mit platinblondem Haar und eiskalt wirkender Haut. Ich sehe die blauen Venen an ihren Schläfen. Ihre Lippen und ihre Fingernägel sind scharlachrot, aber ich vermute, daß sie darunter genauso weiß sind wie die ganze Frau, vielleicht sogar hellblau. Ihre Augen sind mit Sicherheit rosa, aber sie sind hinter einer schwarzen Pilotenbrille versteckt, die die Illusion von Tiefe vermittelt.

Sie geht langsam zur Theke, und nur ein paar Hocker von mir entfernt, bestellt sie sich einen Kaffee. Tony fährt hoch, serviert ihr eine Tasse, scheinbar ohne sie zu sehen, und lehnt sich dann wieder bequem an den Cola-Automaten an. Sein Gesicht hat immer noch diesen verlorenen Ausdruck.

Ich schau' mich um. Die Straßenjungen hocken mit hochgezogenen Schultern um ihren Tisch herum, sie quatschen unablässig in schlechtem aggressiven Spanisch aufeinander ein. Ein paar Männer sitzen allein an der Theke, trinken Kaffee und lesen die Zeitung. Einer blättert ein speckiges Kartenspiel durch. Die Adeligen schweigen und nippen gleichgültig an ihrem heißen Kaffee. Niemand wirft auch nur einen Blick auf sie. Ihre Augen gleiten über sie hinweg, als ob sie gar nicht da wäre.

Die Frau blickt sich um und schaut zu dem Tisch hin, an dem die Fabrikarbeiter sitzen. Sie erhebt sich schnell und graziös, die bis zum Rand gefüllte Tasse schwappt nicht über. Überrascht bemerke ich die blaßblauen Flecken und Nadeleinstiche auf der Innenseite ihrer Arme. Sie bewegt sich nicht wie eine Drogenabhängige.

Sie geht auf die Fabrikarbeiter zu, die sie erst bemerken, als sie direkt vor ihnen steht. Ein breit gebauter, vor Fett glänzender Mann mit dicken Armen schaut zu ihr auf.

»Suchst du was, Mädchen?« Er grinst zu ihr hoch und reibt seine Fingernägel an dem schmutzigen Stoff seines Hemdes ab. Sie schaut ihn schweigend an, bis er sie am Handgelenk packt und auf den rissigen Plastikstuhl neben sich zieht. Sie setzt sich so leicht und schnell wie ein Tier hin. Der speckige Mann hält sie noch immer am Handgelenk. »Vielleicht kann ich Ihnen helfen, das zu finden, was Sie suchen, hmm? Da wären Sie froh drüber, was?«

Seine Freunde rutschen unangenehm berührt auf ihren Sitzen hin und her. Einer sagt: »Laß gut sein, Jer«, aber die Frau blickt ihn an, und er verstummt mitten im Satz, als ob er vergessen hätte, was er hatte sagen wollen.

Der speckige Mann lacht. »Nein, nein, sie mag echte Männer, stimmt's?« Er legt ihr seinen dunklen Arm um die weißen Schultern und drückt sie an sich. Sie sagt nichts, und der speckige Mann beugt sich nach vorn.

»Da seht ihr's mal, ich weiß, was sie mögen. Julie war genauso, wißt ihr's noch, Julie, die aus dem Büro?« Seine Hand gleitet von ihrer Schulter auf die von dem Lederkleid bedeckte Wölbung ihrer Brust. »Echt eiskalt, hat mich angezeigt, nur weil ich sie einmal in den Arsch gezwickt hab'. Schöner Arsch. Aber sie wollte es, das war mir klar, so wie sie mich angeschaut hat. Deshalb hab' ich auf sie gewartet.«

Seine Stimme ist im allgemeinen Lärm kaum zu verstehen, aber mir ist schon schlecht geworden. Seine Freunde sind unangenehm berührt, aber die bleiche Frau hört dem Geprahle des Mannes schweigend zu. Nach einiger Zeit scheint es, als hätte sie gefunden, was sie sucht, ihre schlanke Gestalt schlängelt sich an den Mann heran und erlaubt ihm, daß er seine schmutzige Hand auf ihren Schenkel legt. Ich zittere vor Wut und Entsetzen und denke, daß sie vielleicht solche Männer mag – eine ausgeflippte Oberschicht-Tante, die sich die Zeit bis zu ihrem nächsten Schuß mit einem Mann vertreibt, der gewalttätig genug ist, um durch den Dornröschenwall ihrer abgestumpften Nerven hindurchzudringen. Ich zucke vor diesem Gedanken zurück und höre einen Augenblick lang nichts als Mikes Stimme: »Hörst du endlich auf, dich zu wehren?« Ein scharfer Schmerz zuckt durch meinen Rücken und ich leg' den Kopf in meine Hände und versuch', nicht ohnmächtig zu werden. Durch einen roten und schwarzen Nebel hindurch hör' ich eine wunderschöne sonore Stimme sagen: »Es ist bald soweit.« Eiskalte Finger berühren meine Schulter, und ich fahre hoch und herum.

Ihr Gesicht ist ganz nah an meinem, die weiße Haut sticht gegen die schwarzen Gläser der Brille ab. Ich sehe den Schwung, den ihr Lippenstift gezogen hat, die merkwürdige, wie porenlos wirkende Haut. Ihre Lippen öffnen sich, und sie flüstert: »Denk an mich.« Ich will etwas sagen, aber der Nebel verdickt sich und trennt uns.

Als ich endlich wieder klar sehen kann, wirkt die Luft um mich herum wie abgekühlt. Die Frau ist fort, der Mann auch. Seine Freunde starren der roten Corvette nach, die gerade den Parkplatz verläßt. Ich höre einen sagen »Das also ist der armen Julie passiert, armes Kind.« Und ein anderer sagt »Ich rufe Tammy diesmal nicht an und erzähl' ihr wer weiß was von Überstunden, das soll er selber tun.« Sie gehen weg, und Tony räumt die leeren Tassen und die immer noch randvolle der Frau ab, und es gibt nichts mehr, was darauf hindeuten würde, daß sie jemals hier war.

Ich schau' die Glasvitrine hinter der Theke an. Mein Spiegelbild starrt zurück, und durch meinen Kopf hindurch seh' ich die aufgeschnittenen Kuchenstücke in der Vitrine. Strähnen von schmutzigem braunem Haar fallen mir über das Gesicht, über meine zusammengepreßten Lippen und die durch die Schlaflosigkeit tiefen Augenringe. Meine Handgelenke ragen dünn und blaß aus den faltigen Ärmeln der Bluse heraus. Wenn ich mich strecke, ziehen die Brandnarben auf meinem Rücken. Ich verziehe den Mund.

Plötzlich kann ich die Menschen um mich herum in Vics Lokal nicht länger ertragen, obwohl ich Angst davor habe, allein zu sein. Durch die Glastür geh' ich hinaus zu meinem Buick.

Nachdem ich die Stadt verlassen habe, kommen mir immer weniger Autos entgegen. Der Sommermond steht rund und gestochen scharf am Himmel, und die Berge um Phoenix leuchten, übermannshohe dünne und kleinere dicke Kakteen werfen Schatten auf die unfruchtbare Erde. Staub fliegt zum offenen Autofenster herein, meine schweißnasse Haut trocknet im Wind, meine Haare fühlen sich wie Stroh an. Herabrinnender Schweiß kitzelt mich zwischen meinen Schulterblättern über der Narbe. Ich halte den Wagen an und geh' ein paar Schritte, um den leisen Geräuschen der Nacht zu lauschen, aber durch die stille Luft höre ich, wie meilenweit entfernt ein Wagen losfährt, und ich renne zurück und fahre schnell weiter. Auf den Straßen schimmern Ölflecken. Drei Uhr, höre ich aus dem billigen AM-Radio, dann vier, dann halb fünf.

Als die Dämmerung am Himmel hochzusteigen beginnt, fahre ich heim, um in meiner stickigen Wohnung zu schlafen, und ziehe die Vorhänge fest zu, damit kein Licht hereinfällt.

Ich träume wieder davon. Mike steht im Wohnzimmer und redet, aber ich kann seine Stimme nicht hören. Ich weiß, es geht wieder mal darum, ob wir nach Los Angeles zurückziehen sollen, wo er im gleichen Studio seinen alten Job wiederkriegen könnte. Ich versuch' ihm zum letzten Mal zu erklären, daß dieses Projekt wichtig für mich ist, daß ich es einfach machen muß, aber er hört nicht zu, er spricht immer weiter. Er fängt an, mich anzuschreien. Ich weiß, was kommt, es ist ja immer das gleiche, und ich schrei ihn an, mich ja nicht anzufassen, aber mir bleibt die Stimme weg. Ich hab' ein Messer in der Hand und steche ihm damit in die Brust, aber nichts passiert. Ich denke, daß das nur ein Traum ist, ich müßte es doch schaffen, ein verdammtes Messer in jemanden zu rammen, ich versuch' es noch mal mit aller Kraft, aber das Messer verwundet ihn nicht. Immer noch schreiend, packt er mich mit seinen hitzigen Händen.

Ich wache weinend auf. Die Narben auf meinem Rücken brennen wie Feuer. Durch ein kleines Loch im Vorhang fällt ein schräger Lichtstrahl herein und teilt das

Zimmer in zwei Hälften. Es ist später Nachmittag. Nach einiger Zeit wird mein Atem ruhiger, und ich stehe auf. Mir wird schwarz vor Augen, und ich stoße gegen den mannshohen Spiegel an der Badezimmertür. Er ist angenehm kühl und lindert die brennenden Schmerzen auf meinem Rücken. Zwischen den Narben sind keine Nerven, und das gefühllose Gebiet kommt mir wie ein Loch vor. Als ich zurücktrete, bleibt der fettige Abdruck meines Körpers auf dem Spiegel zurück.

Im Schrank hängt ein ausgeschnittenes Sommerkleid, das ich ganz vergessen hatte. Ich werfe mir ein Tuch über die Schultern, um die Narben zu verbergen.

Bei Vic steht quer über den weißen Linien, die die Parkplätze markieren, ein Polizeiauto, so, als wollte man sichergehen, schnell wegfahren zu können. Ich parke meinen Buick ganz genau zwischen den weißen Linien ein.

Als ich die Glastür öffne, schlägt mir die von der Klimaanlage gekühlte Luft des Restaurants entgegen, ich fröstele und gehe zur Theke. Ein uniformierter Polizist sitzt in der Ecke, auf dem Tisch liegen Papiere herum, ihm gegenüber sitzt ein Mann in einem kurzärmeligen Hemd. Sie sprechen mit Tony, der mir zuwinkt, aber bei ihnen stehenbleibt. Ich schlüpfe unter der Theke durch und nehme eine dicke Porzellantasse von dem mit grünem Gummi bezogenen Regal. Die große silberne Kaffeemaschine brüht gerade eine Kanne, ich nehme sie, halbvoll wie sie ist, und gieße mir meine Tasse ein. Kaffee tropft auf die Heizplatte, zischt auf und verdampft. Ich schaudere zusammen.

»Was machst du denn da?« Ich spüre eine Hand auf meiner Schulter. Ich weiche zurück, halte die Kaffeekanne schützend zwischen mich und den Mann neben mir. Ich kann sein Gesicht nicht sehen, die schwarze Silhouette seines Kopfes steht vor dem leuchtend roten Sonnenuntergang hinter ihm. Er tritt einen Schritt nach vorn, und das Thekenlicht beleuchtet Tonys Gesicht. Ich schließe die Augen und höre nichts als das Klopfen meines Herzens. »Gott im Himmel, bist du verrückt geworden? Wie du aussiehst – komm, setz dich.« Tony schiebt die Tasse zu mir hin, etwas Kaffee schwappt über. Ich setz' mich auf den kühlen Barhocker. Ich tippe mit einem Finger in die kleine Pfütze, sie ist schon kalt.

»Alles in Ordnung.«

»Bestimmt? Du siehst blaß aus.« Er berührt meine Hand, die in der Kaffeepfütze Kreise malt.

»Faß mich nicht an. Mir fehlt nix.«

»Du solltest nicht hinter die Theke gehn. Vic würde mir eins flüstern, wenn er dich dabei erwischen würde.«

»Du warst sehr beschäftigt.«

Er zuckt die Achseln. »Bullen. Na ja. Hast du von den Morden gehört?«

Er wartet darauf, daß ich sage »Ja, wie entsetzlich« oder »Nein, was war denn los?« Ich zucke die Achseln. Nach einer Pause fährt er fort.

»Sie haben oben in den Bergen eine Leiche gefunden. Das ist schon die dritte in dieser Woche. Immer die Kehle durchgeschnitten. Alles ganz miese Typen, Diebe und Zuhälter, einfach miese Typen, tut mir leid, wenn ich das so sage. Der Kerl war gestern abend hier, deswegen fragen sie alle Leute.«

Ich schaudere zusammen. »Welcher war's denn?«

Er zieht die Stirn hoch. »Scheiße, ich hab' ja ganz vergessen, daß du hier warst. Die wollen bestimmt auch mit dir reden. Komm mit.«

Ich folge ihm zum Tisch, an dem die Polizisten sitzen, und trage meine Tasse vorsichtig vor mir her. Trotzdem schwappt Kaffee über und fließt über meine Hand, und ich erinnere mich an die blasse Frau, die ihre randvolle Tasse vor sich her balancierte. Die zwei Männer am Tisch schauen Tony neugierig an. Der eine mit dem kurzen Hemd ist mager und dunkel, sein Haar ergraut bereits an den Schläfen. Der uniformierte Polizist ist größer als er und hat noch kein graues Haar.

»Das ist El. Sie war heut nacht hier, Sie wollen sicher mit ihr sprechen.«

Die beiden schauen mich an. Der Grauhaarige sagt: »Vielen Dank, Mr. Henderson. Haben Sie ein paar Minuten Zeit, Miss?«

Ich setz' mich. »Ich habe Zeit.«

»Ich bin Jim Oberon. Und das ist Inspektor Moore. Wir haben da ein Problem, und wir versuchen, soviel Information zu sammeln wie möglich. Können wir Ihnen ein paar Fragen stellen?«

»Natürlich.«

Oberon fragt nach meinem Namen und meiner Adresse. Ich buchstabiere meinen zweiten Vornamen, Lyne, der immer falsch geschrieben wird. Sag' ihnen, daß ich im Tonstudio arbeite, und geb' ihnen meine dortige Nummer.

»Machen Sie auch Werbespots?« fragt der uniformierte Mann.

»Manchmal.«

»Ich mag den mit dem Springteufel. Ist der bei Ihnen gemacht worden?«

Ich sag' ihm, daß der Spot nicht bei uns gemacht wurde, er fragt weiter, und schließlich sag' ich »Ja, den haben wir gemacht«, nur damit er zufrieden ist.

»Erinnern Sie sich, um wieviel Uhr Sie heute nacht hier waren?«

»Ich glaub', von zwei bis halb vier.«

Oberon sucht in einem Papierstapel herum, der von einer halbleeren Tasse Kaffee beschwert ist, und zieht ein Foto heraus, das halb durchgeschnitten ist. Ein Mann im Smoking lächelt in die Kamera. Er hat schlechte Zähne. Ein weißer Spitzenrock weht an seine Knöchel, aber genau an der Stelle ist das Foto durchgeschnitten.

»Das war vor sechs Jahren, aber er sieht immer noch so aus. Ein bißchen kahler vielleicht. Ein bißchen dicker. Haben Sie ihn gestern hier gesehen?«

»Ja, er war heute nacht hier.«

»Erzählen Sie uns, was los war, während er hier war.«
»Erinnern sich seine Freunde nicht daran?«
»Ich frage Sie.«
»Sie waren zu viert. Er war ein echter Dreckskerl.« Der Stoff meines Sommerkleides scheuert an den Narben, und ich setz' mich anders hin.
»Miss Stanfield?«
»Er hat eine Frau bei der Arbeit angetatscht, und er protzte damit vor ihr rum.«
Oberon straffte sich, aber seine Frage klang ganz wie nebenbei. »Ihr? Der Frau, die er angetatscht hat?«
»Nein. Einer anderen.« Es ist schwer, die richtigen Worte zu finden, um sie zu schildern. Zwei Jungens fahren auf Skateboards auf dem Bürgersteig vorbei, und ich schau' ihnen einen Augenblick lang nach.
»Die Frau.« Oberons Stimme klingt jetzt weniger geduldig. Ich sammle meine Gedanken.
»Sie war groß. Sehr groß, über einsachtzig. Wahrscheinlich ein Albino. Sie hatte weiße Haut und weißes Haar, und sie hatte eine dunkle Sonnenbrille auf, um ihre Augen zu schützen.«
»Was trug sie?«
»Was Rotes.«
»Können Sie es nicht genauer beschreiben?«
Eine Erinnerung ist da, und dann wie weggewischt. Ich warte, daß sie wiederkommt, zucke aber schließlich die Achseln. »Nein, leider nicht. Es war ganz rot. Und dazu trug sie einen schwarzen Gürtel. Mehr kann ich Ihnen nicht sagen.«
»Diese Frau, was hat sie gemacht?«
Ich erzähl' ihm, wie sie mit einer roten Corvette hergekommen war, wie sie sich zu den Männern gesetzt hatte, wie sie zusammen weggegangen waren. Ich weiß, daß ich nicht alle Einzelheiten erzähle, aber es scheint mir nicht darauf anzukommen.
Der Polizist lehnt sich zurück und reibt sich die Augen. An seinem kleinen Finger fehlt das erste Glied. »Miss –

Stanfield, wir haben auch mit anderen Leuten geredet, die heute nacht hier waren. Keiner von ihnen hat uns etwas über eine große Frau erzählt, die in einer Corvette kam und wieder wegfuhr. Wie erklären Sie sich das?«

»Sie war hier.«

»Können Sie sich an irgendwelche Einzelheiten erinnern? Was für Schuhe hatte sie an? Die Autonummer. Wie zahlte sie? Haben Sie irgendwas gehört?«

Ich zieh' die Stirn kraus und versuche, mir die Autonummer vorzustellen. »Ich kann mich nicht dran erinnern. Ich hab' auch nicht gesehen, wie sie gezahlt hat.«

»Das ist alles – sehr ungewöhnlich.« Er macht eine Pause und schaut mich an.

»Es stimmt aber.«

Er zieht die Stirn kraus, seufzt dann und schiebt die Papiere zusammen. »Ich glaub', das reicht fürs erste, Miss Stanfield. Hier müssen Sie noch unterschreiben, ich habe mitgeschrieben, was Sie uns gesagt haben. Wenn wir noch mehr Fragen haben, rufen wir Sie an. Und wenn Sie sich noch an etwas Genaueres erinnern, was diese Frau betrifft, rufen Sie uns an. Auf dem Revier wissen sie immer, wo ich bin.« Er reicht mir seine Visitenkarte. Ich wußte nicht, daß Polizisten Visitenkarten haben, und schau' sie neugierig an. Er nickt mir verabschiedend zu und beugt sich sofort wieder über die Papiere, die vor ihm liegen. Meine Beine kleben an dem Kunststoffstuhl, als ich mich erhebe. Ich geh' zurück zur Theke.

»Na – was haben sie dich gefragt?« will Tony mit leiser, verschwörerisch klingender Stimme von mir wissen. Er scheuert die Theke neben mir.

»Warum hast du ihnen nichts von der Frau erzählt?«

Er schaut mich verständnislos an. »Die mit dem Mann wegging, der ermordet worden ist.«

»Er ging doch allein weg.«

»Ich hab' gesehn, daß er mit ihr rausging. Du hast ihr Kaffee gebracht. Die große, die mit dem weißen Haar und der weißen Haut, so eine schlanke, schöne?«

Er zieht die Stirn kraus und schaut von der blitzsauberen Theke auf, die er immer weiter blank reibt. »Jetzt, wo du es sagst. Eine große, weiße Frau. Aber schön?«

Ich beuge mich vor. »Aber du erinnerst dich an sie? Die Polizei sagt, daß ich die einzige bin.«

»Ich –«

Die Tür fliegt auf, und ein junges Paar kommt herein. Tony nimmt zwei Tassen und die Kaffeekanne und geht zu ihnen hin. Als er zurückkommt, frag' ich ihn: »Erzählst du es ihnen?«

Er schaut mich einen Augenblick lang an. »Wem?«

»Den Polizisten. Über die blasse Frau. Du hast sie doch gesehen, hast du doch grad gesagt.«

»Eine Frau . . .?« Er schaut mich ängstlich an. »Tut mir leid, ich kann mich nicht mehr daran erinnern, worüber wir gesprochen haben.«

»Mein Gott!«

Er starrt mich an, als ob ich verrückt wäre. »Himmel, ich wollte dich nicht ärgern. Wir vergessen das Ganze einfach. In Ordnung?«

»Mach dich nicht lustig über mich«, sag' ich kurz angebunden, aber er ist schon weg, beugt sich bei einem anderen Gast über die Theke. Ich trinke den Rest meines Kaffees, der kalt geworden ist, lege einen schmutzigen Schein neben die trocknende Kaffeepfütze und die leere Tasse. Als ich gehe, schauen mir die beiden Polizisten, die jetzt den Koch befragen, schweigend nach.

Die Tür schließt sich hinter mir, und ich lehne mich kurz dagegen und versuche, mich zu beruhigen. Mir ist heiß und kalt zugleich. Meine Narben jucken. Unter der hellen, blauen Straßenbeleuchtung gehe ich zu meinem Wagen. Als ich die Schlüssel aus der Tasche krame, taucht die rote Corvette mit dem FERATA-Nummernschild mit röhrendem Motor auf und parkt so, daß mir der Weg versperrt ist. Die Fahrertür öffnet sich, und kalte Luft zieht an meinen nackten Beinen vorbei.

Sie erhebt sich aus dem Fahrersitz und tritt neben mich. Sie trägt dasselbe rote Lederkleid, dieselbe schwarze Brille, hinter der man ihre Augen nicht erkennen kann, ihre Haut und ihr Haar sind noch genauso weiß. Ich steh' still und hab' Angst, mich zu bewegen.

»Sie wollen gerade wegfahren.«

Ich hatte ihre volle, dunkle Stimme vergessen, die wie rieselnder Wüstensand klingt. Ich fürchte mich, etwas zu sagen, weil sie dann meine dünne, rissige Stimme hören würde, ich fürchte mich, sie anzuschauen. Statt dessen schau' ich zurück zu den hell erleuchteten Fenstern des Restaurants. Tony schenkt einem dicken Mann, der seine Zigarette gerade in eine Zigarettenspitze steckt, Kaffee ein. Die beiden Polizisten hören immer noch dem Koch zu, der beim Sprechen geistesabwesend mit einem Messer in der Luft herumfuchtelt. Niemand schaut durch die Fenster die blasse Frau neben mir an oder die Corvette, die vor dem Eingang steht.

Sie lehnt sich an den Kühler ihres Wagens. Ihr Hals ist unter dem dicken weißen Haar verborgen. Meine Augen sehen den Schwung ihres Rückgrats unter dem Lederkleid. Jetzt dreht sie den Kopf in meine Richtung, bevor ich wegschauen kann. Ihre Augen sind hinter der Brille versteckt, ihr weißes Gesicht sieht fremd und gefühllos aus. Die schwarzen Brillengläser reflektieren die Straßenlichter, das Grün und das Chromfarbene des Restaurants. Der dunkle Umriß davor, das bin ich.

»Entschuldigung.« Hitze steigt mir in die Wangen, und ich fühle mich ungeschickt, als wäre ich wie ein Kind dabei ertappt worden, wie ich jemanden im Rollstuhl angestarrt hätte.

Sie verzieht leicht ihre roten Lippen, und ich seh' einen winzigen Riß in einem ihrer Mundwinkel. »Schon gut.«

»Der Mann, mit dem Sie heute nacht weggegangen sind, ist tot.«

»Ach ja?« Ihre Stimme klingt ganz neutral.

»Warum sind Sie noch mal hergekommen?«

»Um Sie zu finden.«

»Was ist, wenn jemand Sie sieht?«

Sie hebt einen ihrer nackten Arme, und ich bewundere den matten Glanz ihrer Haut unter der Straßenbeleuchtung.

»Es wird mich schon niemand sehen.« Ihre Stimme hüllt mich ein, ich höre keine Straßengeräusche mehr um mich herum. Ich schau' die rote Corvette an, ihr goldblaues Nummernschild. Der Motor läuft noch immer und brummt bösartig vor sich hin.

»Heißen Sie so – Ferata?«

»Es ist ein Spitzname. Sagen Sie mir Ihren Namen.«

»Eleanor. Ich werde El genannt.« Ich warte darauf, daß sie mit ihrer vollen Stimme etwas antwortet, aber die Stille wächst. »Sind Sie aus Kalifornien?«

»Aus Los Angeles, ja. Ich hab' dort ein paar Kontakte.«

»Ich kenn' dort ein paar Leute.«

»Nicht meine Leute.« Sie lächelt mich an.

Ich denke über ihre Worte nach und beobachte die Leute im Restaurant. Immer noch schaut niemand her, ich will rufen oder schreien, damit die Polizisten aufschauen und sie sehen. Ihre Stimme schreckt mich auf, und ich wende mich ihr schuldbewußt zu.

»Ich wollte noch einmal mit Ihnen reden. Sie haben Angst und sind unglücklich.«

»Mir geht es gut.«

»War es eine Vergewaltigung?«

»Mir geht es gut«, wiederhole ich, aber ich kann meine Stimme nicht kontrollieren, sie ist viel zu hoch.

»Einmal hat mich jemand zu etwas gezwungen, eine Vergewaltigung war es aber nicht. Trotzdem kann ich es nicht vergessen.«

»Würden Sie bitte gehen?« frage ich halb hysterisch.

»Sie brauchen keine Angst vor mir zu haben.«

»Woher wissen Sie all das?«

»Jemand hat Sie verletzt, und jetzt haben Sie Angst vor allem – vor anderen Männern, der Welt, mir. Sie brauchen gar keine Angst zu haben. Ich hab' so etwas ähnliches auch durchgemacht.«

»So etwas ähnliches gibt es gar nicht.«

»Aber es gibt Schlimmeres, Eleanor.«

Meine Narben schmerzen, weil mein Rücken so angespannt ist, und plötzlich möchte ich ihr alles entgegenschreien, den ganzen furchtbaren Kampf und das Gefühl, als er mich mit seinen Riesenhänden über die glühende Herdplatte wirft. Ich fühle, wie meine Hände zittern.

Sie tritt näher auf mich zu. Ich bleibe stehen, obwohl ich meinen Kopf zurückbeugen muß, um zu sehen, wie sich einzelne ihrer Haarsträhnen im leichten Wind heben und wieder senken.

»Sie sind schön heute nacht«, sagt sie. »Sie sollten immer rot tragen.«

Ich schau' an meinem einfachen Sommerkleid hinunter und seh' das fettige Haar, das auf meiner Schulter liegt. »Quatsch.«

»Sie sind schön, zumindest werden Sie es wieder sein.«

»Es ist nichts Schönes an mir.«

»Erzählen Sie mir, was passiert ist.«

Ich wende mich ab. »Das kann ich nicht.«

Kalte Hände umfassen meine Schultern. »Dann weinen Sie.«

Ich mache mich frei. »Fassen Sie mich nicht an.«

Ihre wohlklingende, dunkle Stimme hüllt mich wie stumm murmelndes Wasser ein. Obwohl ich weine, rieche ich ihren süßen, kühlen Geruch. Kalte Hände berühren mein Haar, aber dieses Mal mache ich mich nicht frei. Sie streichelt meinen Kopf und meinen Hals. Ich bin nicht mehr so berührt worden, seit Mike und ich angefangen hatten, uns wegen unserer Jobs zu streiten. Diese Berührung erinnert mich an einen leichten Nachtwind in der Wüste.

Ich hebe meinen Kopf. Sie schaut mich an, ich seh' in den schwarzen Brillengläsern mein blasses Gesicht. Ich kann nicht wegschauen.

»Hab keine Angst. Du hast genug bezahlt für etwas, das nicht dein Fehler war. Du mußt nicht noch mehr zahlen.«

Ich nicke, bin wie hypnotisiert von ihren flüsternden Lippen und ihren kalten Händen auf meinen Schultern.

»Ich tu' dir nicht weh, El. Ich versprech' es dir.«

Ohne die Brille sind ihre Augen so schwarz wie die eines Spaniers. Ich wundere mich darüber, daß ein Albino so dunkle Augen haben kann, aber nur im hintersten Winkel meines Bewußtseins. Ich bin betrunken von ihrem Anblick, von ihren großen Brüsten und schmalen Hüften, die weiß in der Dunkelheit meines Bettes aufglänzen. Sie schmeckt süß und irgendwie bekannt. Ihre Haut bleibt kühl, selbst dann, als mir der Schweiß in dem stickigen Zimmer herunterläuft.

Hinterher liege ich in ihren Armen, meine Finger streicheln die Haut in ihrer Ellbogenbeuge. Ich fühle eine Anzahl winziger Narben.

»Warum nimmst du Drogen?«

»Drogen?« Ihre Stimme ist nah an meinem rechten Ohr. Eine Welle aus weißem Haar fällt an meinem Gesicht vorbei, als sie sich über mich beugt.

Meine Hand sieht grob, rauh und gegerbt gegen ihre blasse, porenlose Haut aus. Sie lacht und küßt mein Ohr. »Ich nehm' keine. Ich hab' zuwenig Blut. Ich krieg' regelmäßig Infusionen von einer Ärztin in Los Angeles. Sie hält mich für einen interessanten Fall.«

»Bist du krank?«

»Nicht mehr als die meisten anderen Leute. Weniger als viele.«

»Warum sagt die Polizei, daß du nicht existierst?«

Wieder lacht sie dieses zufriedene Lachen. »Ich existiere.« Ihre Brüste berühren meine Narben, und ich dreh' mich weg.

»Entschuldige. Die Narben sind noch empfindlich.«

»Erzähl mir davon, Eleanor.«

Ihre Hände massieren sanft meinen Nacken. »Bitte.«

»Von was denn?« frage ich vorsichtig, aber ich weiß es schon.

»Von der Vergewaltigung.«

»Da gibt es nichts zu sagen.«

»Früher oder später wirst du doch darüber sprechen müssen, oder du wirst sterben.«

Ich bin einen Augenblick lang still. »Du hast gesagt, daß du auch – daß es dir auch passiert ist.«

»Vergewaltigung, Eleanor. Sag das Wort.«

»Vergewaltigung.« Meine Stimme versagt fast, als ich das Wort ausspreche. Ihre kühlen Lippen berühren mich an der Schläfe, und ich kann mich wieder entspannen.

»Ich bin vergewaltigt worden«, sagt sie. »In gewisser Weise. Ein Mann, er schaute mir beim Tanzen zu, in einem Lokal. Die Männer mußten zwei Cent pro Tanz bezahlen. Aber er tanzte keinmal mit mir, schaute nur zu. Eines Nachts lauerte er mir vor der Pension auf, in der ich wohnte. Es dauerte nicht lang. Ich brauchte länger, um mich aufrappeln und ins Haus gehen zu können. Schließlich erwischte ich ihn, aber es dauerte wirklich lang. Er war schwer zu töten.«

»Du hast ihn umgebracht?«

»Erzähl mir, wer dich so verletzt hat.«

»Du weichst meiner Frage aus.«

»Du auch.« Ich drehe mich um, um sie anzuschauen. Ihre schwarzen Augen glänzen, eine Vielzahl von Gefühlen spiegelt sich darin, die ich nicht begreifen kann. Sie senkt ihre weißen Wimpern – das paßt überhaupt nicht zusammen, dieses Weiß vor diesem Schwarz –, und ihre Lippen, die jetzt, wo der dunkle Lippenstift abgewischt ist, sehr blaß aussehen, lächeln mir leicht zu. »Hör auf, dagegen anzukämpfen. Erzähl es mir.«

Ohne es zu wollen, schau' ich zum anderen Zimmer hin. Ich seh' Mike in der Hoftür stehen, die Nacht hinter ihm ist von der Straßenbeleuchtung erhellt. Ich zittere.

»Du hast ihn gekannt, oder? Er war ein Freund.«

Ich nicke.

»Und er hat dir das angetan, hat dir deinen Rücken verbrannt und in deine Seele tiefe Wunden geschlagen.« Ihre Stimme klingt immer tiefer. »Was ist passiert?«

Ich erinnere mich daran, daß ich mich wieder mal mit Mike über die Arbeit stritt, er wollte, daß ich mit ihm nach Los Angeles zurück sollte, Mike in der Hoftür mit meinem Schlüssel, den er immer noch von meiner Wohnung hat, weil ich vergessen hab', ihn zurückzufordern, »aber natürlich bin ich zurückgekommen, El, wir müssen das gemeinsam entscheiden, warum bedeutet dir dein Job eigentlich so verdammt viel? Warum willst du nicht, daß wir wieder zusammenkommen, das wäre mir so wichtig, du hast das doch immer gewollt, hörst du endlich auf zu kämpfen?« Und dann drückt mich sein Gewicht rückwärts auf die elektrische Platte, er weiß nicht, daß sie heiß ist, und dann der bittere Rauch von meiner verbrannten Haut, und der Schmerz und der Schmerz und der Schmerz.

»Es war nicht deine Schuld, Eleanor. Weißt du das?«

Die Tränen tropfen mir aus den Augen und fließen silbern über ihre Haut. »Ich hätte mit ihm reden können, anstatt seine Sachen zu packen und ihn rauszuschmeißen. Ich hätte versuchen sollen, ob er mich nicht doch versteht.«

»Aber er hat es getan. Das kannst du nicht ändern. Es war nicht deine Schuld. Er hat dir sehr weh getan.«

Jetzt fang' ich richtig zu weinen an. Die Schluchzer kommen mir vor wie trockene Wogen, die mich regelrecht durchschütteln.

»Verdammt noch mal. Verdammt soll er sein.«

»Wie heißt er?«

»Mike Prini.«

Kalte Hände streichen mir die Tränen aus dem Gesicht, bis ich aufhören kann zu weinen. Schließlich öffne ich die Augen. »Woher hast du das gewußt?« frage ich sie ganz erschöpft.

»Ich spüre im allgemeinen Gefühle, solche Dinge, ganz genau.«

»So was wie übersinnliche Wahrnehmung?«

Sie lächelt angespannt. »Nein, eher wie ein Tier.«

Ich greife eine Haarsträhne, die mir über das Gesicht gefallen ist. Sie ringelt sich um meinen Finger. »Wie bist du drüber weggekommen?«

»Die Zeit hat mir am meisten geholfen, aber ich hab' immer noch diese Narben.« Sie deutet rätselhaft auf ihr weißes Gesicht.

»Aber du bist doch schön.«

Sie bewegt sich unter mir und rückt von meinem feuchten Körper weg. »Es ist schon vier. Ich muß was essen.«

»Ich hab' genug.«

»Nicht so was.«

»Du verläßt mich?« Ich setze mich auf, eingehüllt in die feuchten Laken. Sie zieht das rote Kleid über den Kopf; es legt sich sofort wie eine zweite Haut an ihren Körper an.

»Ich komme wieder«, sagt sie.

»Aber es ist doch noch dunkel.«

»Hab keine Angst.«

Ich nicke, doch die Furcht übermannt mich.

Sie schaut mich mitleidig an und beugt sich zu mir herab, um mich zu küssen. Mit ihren Lippen an meinen flüstert sie: »Du hast nichts zu fürchten. Nicht die Nacht ist an deinen Narben schuld.«

Es klingelt. Ich drehe mich im Bett um, aber es klingelt weiter. Schließlich rappele ich mich auf und stolpere zur Tür. Ich schau' durch den Spion und sehe einen Mann in einem Anzug und einen zweiten in Schwarz. Die Sonne hinter ihnen, die halb hinter einer Wolke verborgen ist, wirft einen Strahlenkranz um ihren Kopf. Ich erkenne den Mann im Anzug, es ist Oberon. Ich bin plötzlich hellwach.

»Ja?« frage ich durch die geschlossene Tür.

»Eleanor Stanfield?«

»Was ist denn los?«

Die beiden ziehen gleichzeitig ihre Polizeimarken aus ihrer Tasche und halten sie mir vor den Spion. »Detective Oberon, Officer Moore. Ich hab' gestern mit Ihnen gesprochen. Können wir reinkommen?«

Ich zieh' das rote Kleid über, das auf dem Boden liegt, schließe die Tür auf und öffne sie. »Was ist denn los?«

»Es geht um einen früheren Kollegen von Ihnen, Michael Prini. Er wurde heute nachmittag tot aufgefunden. Ich fürchte, es war wieder derselbe Täter.«

»Was?«

»Vor ein paar Monaten haben Sie gegen Mr. Prini Anzeige erstattet. Kommen Sie bitte mit auf das Revier und beantworten Sie mir ein paar Fragen.«

»Mike ist tot?«

Ich stolpere aus der Tür.

Meine Augenlider schmerzen, weil ich sie in dem hellen Raum so zukneifen muß. Es ist so kalt hier, daß mein Körper fast schmerzt. Sie beschießen mich mit Fragen. Wie war das mit der Vergewaltigung? Wie habe ich sie verkraftet? Wo war ich letzte Nacht? Mit wem? Allein? Nein, sie beschuldigten mich nicht, sie stellten mir nur Routinefragen. Ich sage ihnen, was ich kann, aber immer wieder vergesse ich Einzelheiten, als ob sie mir aus dem Kopf heraussprängen. Ich halte einen Styroporbecher mit Kaffee in der Hand. Der Kaffee ist kalt, ich muß ihn also schon lange halten. Oberon reicht mir wieder eine Karte. Wenn mir noch was einfällt ...

Es ist dunkel und hagelt leicht, als sie mich zu meinem Buick zurückbringen. Die nasse Windschutzscheibe glänzt im Straßenlicht, als ich in die Valdezstraße einbiege. Ein Auto hupt, und noch eins. Ich brauche einen Augenblick, bevor mir klar wird, daß sie mich anhupen, und noch einen, bevor ich begreife, warum: Ich ziehe an einem Knopf, und meine Scheinwerfer leuchten auf.

Die Straßen sind so naß, daß sie wie schwarze Flüsse aussehen. Mein nasses Kleid klebt an dem Wagensitz. Als ich das kalte, glatte Lenkrad anfasse, fühle ich ihre Haut unter meinen Fingern. Ihr Geruch hängt in meinem Haar und verfliegt, als ich es aus dem Gesicht nach hinten werfe.

Ich fahre viermal bis ins Zentrum und zurück, bevor ich finde, wonach ich suche. Vor einer kleinen Bar, die scheinbar schwer an ihrer riesigen Neonbeleuchtung zu tragen hat, lauert die rote Corvette mit den FERATA-Nummernschildern.

Es ist schwer, sie in der dunklen Bar zu finden. Sie sitzt allein ganz hinten, die roten Glühbirnen in den absurden Schiffslaternen verleihen ihrer Haut und ihrem Kleid dieselbe karminrote Farbe. Sie leuchtet vor der burgunderroten Lederbank, auf der sie sitzt, nur ihre Augen sind schwarz.

Ich sehe nichts als dieses Leuchten. Geblendet von dem Neonlicht stolpere ich durch den dunklen Raum und knalle gegen irgend etwas Schwarzes. Meine Hände schießen nach vorn, aber das Ding, gegen das ich gestoßen bin, neigt sich und fällt um. Man hört einen Aufprall, und jetzt zuckt ein Schmerz durch meine Hand. Jemand flucht, ich steige durch die Scherben und gehe weiter.

»Du hast dir weh getan. Setz dich besser hin.«

Ihre Stimme ist genauso, wie ich sie in Erinnerung habe, dunkel und besorgt. Blut von dem Schnitt in meiner Hand tropft blaß in dem roten Licht herunter, die Tropfen lösen sich wie Öl von meinen Fingerspitzen und verschwinden in der dunklen Luft.

»Ich setz' mich nicht zu dir.«

Ein Kellner kniet sich neben den umgefallenen Tisch und liest zerbrochenes Glas vom Teppich auf. Ein älteres Paar schaut auf die Glas- und Porzellanscherben und spricht wütend miteinander. Niemand schaut mich an.

»Was stellst du nur mit ihnen an? Niemand sieht mich jemals, wenn ich mit dir zusammen bin.«

»Sie sehen mich nicht. Du bist verletzt. Bitte setz dich hin.« Ihre kalte Hand berührt mein Handgelenk. Ich denke an das Blut, das von meinen Fingern heruntertropft, und ziehe meine Hand zurück. Sie lächelt bitter. »Niemals dein Blut, Eleanor. Außer, wenn du das willst. Dann allerdings sehr gern.«

Ich kann nicht mehr stehen, falle auf den kühlen Ledersitz ihr gegenüber und schluchze.

»Warum tust du das?«

Sie sitzt da, eine blutige Alabasterstatue in dem blutigen Licht. »Wenn ich schon töten muß, dann ziehe ich Opfer vor, die es verdienen.«

»*Mike*?«

»Er hat dich vergewaltigt.«

»Wir haben zusammengelebt. Er nahm mich einmal zu seiner Mutter nach Colorado mit. Er war ein Kerl wie jeder andere.« Es ist sehr kalt in der Bar. Ich drücke mich in das Lederpolster.

Sie beugt ihren Kopf über das unberührte Glas, das vor ihr steht. »Ich muß leben, Eleanor. Der Doktor kann mir nicht alles geben, was ich brauche.«

»Die Polizei glaubt, daß ich es war.«

»Ich bring' sie auf eine andere Spur.«

»Du hast mich benutzt, um ihn zu finden, und jetzt ist er tot.«

Sie beugt sich über den Tisch und berührt mein Gesicht. »Eleanor, ich hab' dich nicht benutzt. Das konnte ich nicht. Du bist zu schön, trotz deiner Narben.« Sie wischt mir die Tränen von den Wangen. »Tränen darf man nicht übersehen.« Sie läßt die Hand sinken und hebt sie dann wieder, um das Haar zurückzuschieben, das ihr über das Gesicht gefallen ist. Bei der Erinnerung an dieses Haar an meiner Haut schaudere ich zusammen. Ihre Augen sind schwarz unter den rot beleuchteten Fingern.

»Früher hatte ich schwarzes Haar, wie meine spanische Mutter.« Sie streicht sich geistesabwesend über den Hals.

»Ich wollte weinen, als ich sah, daß es weiß wurde und meine Haut auch, aber damals hatte ich keine Tränen. Meine Augen brannten nur, genauso wie beim ersten, der starb, und beim zweiten. Nach einer Zeit hörten sie zu brennen auf.« Sie lacht, aber ihr Mund ist verzerrt. »Tränen darf man nicht übersehen. Aber er fragte nie danach. Es kümmerte ihn überhaupt nicht. Ich werde ihm niemals verzeihen. selbst in hundert Jahren nicht.«

»Du wirst wieder gesund, Eleanor, und mit nacktem Rücken in der Sonne gehen. Und ich – ich werde wieder töten«, sagt sie mit einem kleinen Lachen, »aber ich werde wenigstens wissen, wen ich getötet habe.«

Sie steht langsam auf. Sie lehnt sich zu mir herüber und küßt mich, ich fühle ihre sanften Lippen auf den meinen, sie richtet sich auf und ist weg.

Ich komme in der Dunkelheit nach Hause. Ich knipse den Lichtschalter neben der Tür an, aber das Licht flackert und erlischt. Ich stolpere durch die Dunkelheit zu meinem ungemachten Bett, um zu schlafen.

Das Bettzeug liegt auf dem Boden, als ich in meinem heißen, dunklen Zimmer aufwache. Ich bin schweißgebadet, aber darüber liegt ein Geruch, süß und mir wohlbekannt, der mich schmerzt, obwohl ich lächele. Der neue Schorf auf meiner Hand zieht, als ich mich über das Bett beuge, um die Stecknadeln aus den Vorhängen zu ziehen und sie zu öffnen. Ich bin ungeschickt, und schließlich fallen die Stecknadeln zu Boden, ich ziehe die Vorhänge auf, und die Augustsonne und ein frischer Morgenwind kommen zum Fenster herein. Als ich so dastehe, stoßen meine nackten Füße gegen etwas Kühles, das unter dem Bett liegt. Ich taste herum, und meine Finger schließen sich um einen schmalen, gebogenen Stab – einen Brillenbügel. Eine Pilotenbrille mit nachtschwarzen Gläsern. Ich ziehe mich an und gehe allein in die Sonne hinaus und schließe meine Hand fest um die nachtschwarze Brille.

## Nancy Holder
## Schauergeschichte

Sie wünschte sich einen Vampir als Liebhaber. Sie wünschte ihn sich so sehr, daß sie von nun an auf ihn wartete. Eines Nachts, bald, würde sie durch Flügel, die an das Fenster schlugen, erwachen und sich dann angewöhnen, Samtbänder und Medaillons um ihren zarten, blassen Hals zu tragen. Sie wußte das.

Sie tauchte in die Welt ihres Vampir-Geliebten ein: Sie verschlang Schauergeschichten, besuchte Spätvorstellungen von Horrorfilmen. Ihre Tagträume von Satincapes und feurigen Augen waren wie ein Panzer gegen das harte Tageslicht, die Sterblichkeit und die eitlen bedeutungslosen Kämpfe der Alltagswelt. Ihre Tage als Kindergärtnerin und die Abende, die sie mit einem übereifrigen, zufälligen Gefährten verbrachte, konnten sie nicht von ihren heimlichen Träumen abbringen: Immer wieder heckte ein Teil ihres Geistes Pläne aus, führte diese Pläne durch, wartete.

Von ihrem mageren Verdienst kaufte sie dunkle Antiquitäten und eine verführerische Garderobe. Ihr Kleiderschrank war voll von weißen Negligés und mit Spitzen besetzter Unterwäsche. Keine Kreuze und keine Spiegel, vor allem nicht in ihrem Schlafzimmer. Spitz zulaufende Kerzen standen in Zinnleuchtern, in deren flackerndem Licht sie bis spät in die Nacht las, parfümiert und in Spitzen gekleidet, das Haar locker über die Schultern gekämmt. Sie schaute oft zum Fenster.

Sie wimmelte Liebhaber ab – obwohl sie welche hatte, weil deren glutvolle Vitalität, das Blut und das Leben in ihnen sie erregte –, die darauf bestanden, die ganze Nacht bei ihr zu bleiben, und verbrannte ihnen den Frühstückstoast und servierte ihnen bitteren Kaffee. In ihrer Küche fanden sich natürlich nur frische Zutaten, kupferne Töpfe und Pfannen aus Gußeisen; zu ihrem Bedauern kam sie nicht ohne einen Elektroherd oder einen Eisschrank aus. Wenn sie allein war, benutzte sie kein elektrisches Licht, sondern trug Kerzen in der Wohnung umher und badete sich in kaltem Wasser.

Sie wartete, allseits bereit. Schließlich begann ihr Vampir-Geliebter sie in ihren Träumen zu besuchen. Sie flogen zusammen über Moore, schwebten über die Heide. Er trug sie zu seinem verfallenen Schloß, entkleidete sie, zog ihr die durchsichtige Unterwäsche aus, liebkoste ihren schönen Körper, bis er sie, auf dem Höhepunkt der Leidenschaft, in ihren gebogenen Hals biß, das Leben aus ihr heraussaugte und ihr statt dessen ewige Verdammnis und ewige Liebe schenkte.

Sie erwachte schweißgebadet und erschöpft aus diesen Träumen. Im Kindergarten fanden die Kinder sie ungewöhnlich still und in sich zurückgezogen, und sie bekamen es mit der Angst zu tun, als sie ihren weißen Hals rieb und wehmütig lächelte. *Bald, bald, bald* sang ihr Blut, erwartungsvoll wie ein Gebet. *Bald.*

Sie bedauerte einzig und allein, daß sie sich von den Kindern würde trennen müssen. Ihre neugierigen Verwandten und Freunde würde sie nicht vermissen; sie betrachteten sie ständig so eingehend, als ob sie ein Bild von jemandem wäre, den sie eigentlich erkennen müßten. Sie würde auch die nicht vermissen, die sie zwangen, eine Stunde bei ihnen vorbeizuschauen, mit ihnen ins Kino zu gehen, sie ans Meer zu begleiten. Sie würde die nicht vermissen, die mit ihr durch die langen und milchweißen Hände des Schicksals verbunden waren – oder das wenigstens glaubten. Die versuchten, sie von ihrer wahren Leidenschaft abzubringen; die versuchten, hinter das Geheimnis dieser Leidenschaft zu kommen. Denn sie hatte, ihrem erwarteten Vampir-Geliebten treu ergeben, keiner menschlichen Seele auch nur ein Wort von ihm erzählt. Sie würden es nicht verstehen, das wußte sie. Sie würden ein solches Opfer nicht fassen können.

Aber sie bedauerte es, daß sie nie Kinder haben würde. Niemals würde ein Kind ihrer Liebe im Schlaf aufseufzen und murmeln; nie würde das stolze, edle Gesicht ihres Geliebten beim Anblick der Mutter und des Kindes aus seinen Lenden weich werden. Das war das einzige, was sie schmerzte.

Bald würden die Ferien beginnen. Der Juni schwebte wie Nebel auf sie zu, und die Kinder gerieten vor freudiger Erwartung bereits ganz aus dem Häuschen. Ihr wirkliches Leben würde im Juni beginnen. Sie konnte sich gut in ihre leuchtenden Augen und ihre lächelnden Gesichter einfühlen, wußte sie doch, daß ihre Wartezeit genauso qualvoll war wie ihre eigene. Als es nur noch wenige Tage bis zu den Ferien waren, verabschiedete sie sich still von ihnen, hielt ein jedes der Kinder, die sie mit ihren kleinen Armen umhalsten und ihr glühende Küsse auf die Wangen gaben, zärtlich im Arm.

Sie buchte eine Schiffsreise nach London. Und weiter nach Rumänien, Bulgarien, Transsylvanien. Dem Familiensitz ihres Geliebten; dem wilden, gewalttätigen Hintergrund ihrer Träume. In die Koffer kamen die langen, weiten Kleider, ihre Broschen und Medaillons. Sie schaute in ihren Handspiegel, während sie ihn einpackte. Ich werde immer blasser, dachte sie, was sie gleichermaßen entsetzte und erfreute.

Während der Reise wurde sie noch blasser, dünner und erschöpfter. Nachdem sie sich von der Enttäuschung über den lauten, modernen Vergnügungsdampfer erholt hatte, fuhr sie so schnell wie möglich über den Kontinent, um Zuflucht in den altmodischen Zügen und Tavernen, nach denen sie sich so gesehnt hatte, zu finden. Ihr Herz klopfte schneller, als sich der Zug an den schwarzen Silhouetten von Burgruinen und alten Herrenhäusern vorbeischlängelte. Sie saß stundenlang im Nebel, betete inständig darum, daß der heulende Wolf sie finden würde, daß die Fledermaus herangeflogen kommen und sie begleiten würde.

Sie gewöhnte es sich an, Wein im Bett zu trinken, schweren, blutroten Burgunderwein, der im Kerzenlicht dunkel leuchtete. Innerhalb weniger Tage wurde sie eins mit der Landschaft und zuckte wie vor einem Kruzifix zurück, wenn Erinnerungen an ihr vergangenes Leben, an ihre amerikanische, falsche Existenz, ihre heitere Gelassenheit störten. Sie schrieb kein Tagebuch; sie zählte die Tage nicht, und der Sommer verging, ohne daß sie es bemerkte. Sie genoß es nur, daß sie immer schwächer wurde.

Als sie Münzen für einen Zigeunerschal aus ihrer Geldbörse holte, stellte sie plötzlich fest, daß sie keine Zeit mehr hatte. Am nächsten Tag mußte sie nach Frankfurt aufbrechen und von dort zurück nach New York fliegen. Der Ladenbesitzer stieß sie an und fragte, ob sie krank sei, und sie verließ den Laden zitternd mit ihrem neuerworbenen Schal.

Sie warf sich auf ihr Bett. »So geht es nicht. So geht es nicht.« Sie sprach in die Dunkelheit hinaus: »Du mußt heute nacht zu mir kommen. Ich hab' alles für dich getan, mein Liebster, ich liebe dich mehr als alles in der Welt. Du mußt mich retten.« Sie schluchzte, bis ihr der ganze Körper weh tat.

Sie ließ ihre letzte Mahlzeit unberührt, ein Paprikagulasch, und saß ruhig in ihrem Zimmer. Der Besitzer des Gasthauses brachte ihr noch eine Flasche Burgunder, und nachdem sie ihm versichert hatte, daß es ihr gut ginge, daß sie sich nur etwas müde fühle, wünschte er seinem Gast eine gute Heimfahrt.

Die Nacht brach an; obwohl ihr Buch offen vor ihr lag, waren ihre Blicke auf die Fenster geheftet, ihre Hände umklammerten das Weinglas, aus dem sie vorsichtig wie ein Tier kleine Schlucke trank. Ach, ihn an ihren Venen zu fühlen, wie er sie leerte und füllte!

*Bald, bald, bald…*

Dann, ganz plötzlich, passierte es. Das Fenster klirrte und öffnete sich nach innen. Ein großer Schatten, ein schwarzer Vorhang, fiel über ihr Bett, und der Raum begann sich zu drehen, schneller, immer schneller; und sie spürte, wie eine tödliche Kälte sie durchzog. Sie hörte, wie das Weinglas zu Boden fiel, und bemühte sich, die Augen offen zu halten, während sie überwältigt, verschlungen, genommen wurde.

»Bist du es?« flüsterte sie durch die Zähne, die vor Freude, vor Kälte und Entsetzen aufeinanderschlugen. »Bist du es endlich?«

Eiskalte Hände berührten sie überall: ihr Gesicht, ihre Brüste, ihren verzweifelt dargebotenen Hals. Kalt und stark und nimmermüd. Sie sank und lächelte in einem Strudel von tödlichem Entsetzen und Jubel. Ewige Verdammnis, ewige Liebe. Ihr Vampir-Geliebter war endlich zu ihr gekommen.

Als sich ihre Augen öffneten, heulte sie auf und schützte ihre Augen gegen die gleißende Helligkeit der Sonne. Hastig wurden die Vorhänge zugezogen, und man sagte ihr, wo sie war: wieder zu Hause, wo alles warm und schön war, wo sie sicher vor der Krankheit war, die sie fast getötet hatte.

Sie war schon krank gewesen, bevor sie die Staaten verlassen hatte. Zu der Zeit, zu der sie in Transsylvanien angekommen war, war ihre Anämie akut geworden. Hatte sie nie ihre eigene Blässe, ihre Schwäche bemerkt?

Anämie. Auf ihrem weißlippigen Mund erschien ein rätselhaftes Lächeln. Das glaubten sie, aber er war zu ihr gekommen, immer wieder. In ihren Träumen. Und in der einen Nacht hatte er sich entschlossen, sie endgültig in sein Schloß mitzunehmen, wo sie als seine Geliebte für immer seine Liebe für die Moore und die Nebel teilen sollte.

Aber sie mußte noch warten, bald würde er sie endgültig holen.

*Bald, bald, bald.*

Sie ließ es zu, daß man sich liebevoll um sie kümmerte, sie in den letzten, schon kühleren Sommertagen in Decken einhüllte. Sie hielt die aufgesetzte Fröhlichkeit ihrer Verwandten aus, erlaubte ihnen, sie in der Hoffnung, sie wieder ganz herzustellen, geradezu zu mästen.

Aber ihr Magen konnte diese Art von Ernährung nicht mehr bei sich behalten; sie rangen die Hände und sprachen davon, daß man wirksamere Maßnahmen ergreifen müsse, als ihnen klar wurde, daß sie dahinschwand.

Auf Drängen des Arztes machte sie Spaziergänge. Schon bei den ersten Schritten taten ihr die Füße weh. Eingehüllt in Wolle, geschützt von einer dunklen Sonnenbrille machte sie kleine Schritte wie eine alte Frau. Als sie durch die Sonne ging, brannte ihr der Hals so fürchterlich, daß der Schmerz erst nachließ, wenn sie wieder im Schatten war. Beim Anblick von Lebensmittelgeschäften drehte sich ihr der Magen um. Aber sie blieb vor einer Metzgerei stehen und leckte sich beim Anblick von rohem, blutigem Fleisch die Lippen.

Aber sie betrat den Laden nicht. Ihr Gesundheitszustand blieb unverändert.

»Ich bin in einer Falle«, flüsterte sie der Dunkelheit zu, während sie in die Flamme einer Kerze auf ihrem Nachttisch starrte. »Ich verschwinde zwischen deiner Welt und meiner, Liebster. Hilf mir. Komm zu mir.« Sie rieb sich den Hals, der schmerzte und pochte, äußerlich aber keine Zeichen von seiner Leidenschaft zeigte. Ihre Kehle war trocken, aber Wasser konnte ihren Durst nicht löschen.

Nach langer Zeit fing sie wieder an zu träumen. Ihr Vampir-Geliebter kam wie früher zu ihr, glücklich darüber, wieder mit ihr vereint zu sein. Sie stiegen über die verkrüppelten Bäume im Vorgebirge auf, flogen wie schwarze Banner über die Berge zu seinem Schloß. Er konnte sie nicht genug berühren, er betete sie an, und sie waren von wilder Ausgelassenheit, als er sie in ihrem durchsichtigen Gewand zu den Toren seiner Festung trug.

Aber beim Eingang schüttelte er traurig den Kopf und konnte sie nicht mit sich in sein schwarzes Reich nehmen. Seine feurigen Tränen tropften auf ihren Nacken, und sie zuckte unter dieser Berührung zusammen, sie weinte, als er sie verließ, als er mit einem flehentlichen Blick in seinen dunklen, leuchten Augen im Nebel verschwand.

Irgend etwas fehlte; er forderte eine Gabe von ihr, bevor er sich ganz mit ihr verbinden konnte. Etwas, das sie ihm opfern mußte...

Sie ging durch das Sonnenlicht, vor Entkräftung zitternd. Sie durstete, hungerte und sehnte sich nach ihrem Liebsten. Sie träumte von ihm, und immer noch konnte er sie nicht ganz zu sich nehmen.

Tage, Nächte und weitere Tage vergingen. Schließlich führte ihr Weg sie zu dem Kindergarten, wo sie einmal, vor nur wenigen Monaten, die Kinder umarmt und geküßt hatte, in der Überzeugung, sie nie wieder zu sehen. Sie waren alle da, die ihre Wangen so liebevoll geküßt hatten. Ihr Lachen klang wie Silberglöckchen, während der Staub, von ihren spielenden Füßen aufgewirbelt, sie umkreiste. Wie frei, wie zufrieden und ruhig sie ihr vorkamen, ihr, die so viele Sorgen hatte.

Die Kinder.

Sie schleppte sich mühsam voran, ihre Augen weiteten sich hinter der schützenden Sonnenbrille. Er forderte etwas von ihr.

Das war das einzige, was sie bedauerte, das einzige, worunter sie litt.

Sie hatte Durst. Der Schmerz pulsierte in den Brandstellen an ihrem Hals.

Tränen der Dankbarkeit stiegen ihr in die Augen, als sie plötzlich, nicht zu spät, begriff, was er von ihr forderte. Weinend stieß sie das Gatter des Hofes auf und streckte einen zum Skelett abgemagerten Arm nach einem Kind aus, das etwas abseits von den anderen stand, vertieft in ein einsames Schnurspiel. Es war dunkelblond, rotbäckig, so gesund und lebendig, wie ein Kind nur sein konnte.

Für ihn, als Beweis ihrer Liebe.

»Mein Kleiner, erinnerst du dich an mich?« fragte sie ihn mit sanfter Stimme. Der Junge wandte sich um und lächelte sie unsicher, unschuldig und voller Vertrauen an.

Und dann, als sie auf ihn zukam, wie ein großes, geflügeltes Tier auf ihn niederschoß, mit Augen, die durch die Sonnenbrille brannten, und Zähnen, die aufblitzen, einmal, zweimal...

*Bald, bald, bald.*

## Samantha Lee
# Die Robbeninsel

Es war ein unproduktiver Tag, um es wohlwollend auszudrücken. Das endlose Heulen der Robben hatte sie seltsam ruhelos gemacht und sie von der Aufgabe, die sie vor sich hatte, abgelenkt. Aus dem Papierkorb quollen für unbrauchbar erklärte, zusammengeknüllte und weggeworfene Papierbögen. Seit dem Morgen hatte sie nicht einen einzigen zusammenhängenden Absatz geschrieben.

Schließlich, als der Abend herannahte, gab sie es auf, so zu tun, als konzentriere sie sich. Sie ging zum Fenster und begann zu beobachten, wie die glänzenden grauen Körper weit draußen ins stille Wasser eintauchten und hin und her rollten. Im langsam schwindenden Licht glitzerten ihre Schwänze und Flossen so, wie man es von den Wassermännern in den alten Geschichten kannte. Fasziniert starrte sie hinaus, bis die Mondsichel emporzusteigen begann und die feuchten, rankenartigen Schwaden von Seedunst ihr Liebesspiel verbargen.

Als sie nichts mehr sehen konnte, wandte sie sich ab und nahm den schrillen melancholischen Klang ihres Klageliedes mit hinein in den inzwischen dunkel gewordenen Raum.

Die Nachtluft hatte plötzlich Kälte mit sich gebracht. Sie fröstelte unwillkürlich und zog ihr Schultertuch enger um sich zusammen. Allmählich begann die Einsamkeit sie zu bedrücken. Sie sehnte sich nach Gesellschaft, nach anregender menschlicher Unterhaltung. Aber sie zuckte nur mit den Achseln und riß sich zusammen, um nicht von Melancholie überwältigt zu werden. Schließlich setzte sie den Teekessel auf und machte sich daran, ihr einsames Abendessen zuzubereiten.

Vielleicht würde sie sich nach dem Essen »inspirierter« fühlen.

Als sie gerade dabei war, die oft recht widerspenstige Öllampe zu entzünden, klopfte es leise an die Tür. In der Stille des Hebridenabends wirkte dies gleichsam wie eine Atomexplosion; sie erstarrte vor Schreck.

Doch dann nahm sie sich zusammen, hob die Lampe hoch empor und ging durch den kleinen Raum zu der Tür. Ein seltsamer, sich in die Länge ziehender Schatten folgte ihr wie eine kunstvolle Schleppe aus Chiaroscurofalten.

Sie schob mit der linken Hand den Riegel zur Seite und öffnete den oberen Teil der Tür nach innen, wobei sie in den Garten hinausspähte.

Draußen erblickte sie, wie in einem Bilderrahmen, die Silhouette eines jungen Mannes. Wie der Atem eines Pferdes an einem frostigen Tag schwebte über seinem Kopf der schnell aufsteigende trügerische Seenebel, den die Inselbewohner *haar* nennen. Hinter ihm lag der zum Strand hinunterführende Kiesweg wie in einem Leichentuch verborgen.

Sie schätzte den jungen Mann auf etwa fünfundzwanzig Jahre, er war groß und sonnengebräunt, mit dichtem, braunem Haar, das glatt und glänzend war und aussah wie vom Meerwasser benetzt. Auch seine Augen waren braun und von langen, dunklen Wimpern umrahmt. Am bemerkenswertesten aber waren seine Ohren: Klein für einen Mann, lagen sie, wie zarte rosige Muscheln geformt, eng am Kopf an.

Er grüßte sie im Tonfall des Gälischen, mit einer Stimme, die gleichzeitig sanft und hypnotisch war und wünschte ihr Gesundheit und Wohlergehen. Er sagte, er habe sie am Fenster stehen sehen, und das habe ihn daran erinnert, wie lange er schon keine menschliche Stimme mehr gehört habe. Und da sie sich daran erinnerte, daß es auf der Insel Brauch war, jeden gastfreundlich zu empfangen, den der Zufall an die Tür klopfen ließ, sei es nun Freund oder Fremder, bat sie ihn, einzutreten und sich eine Weile auszuruhen.

Sie reichte ihm Milch mit Haferkuchen, und sie plauderten bis tief in die Nacht hinein. Er kannte viele Sagen von den äußeren Inseln, Geschichten, die sie nie zuvor gehört hatte. Der seltsame, einschläfernde Ton seiner Stimme, mit der er ihr magische Geschichten von Tod und Verzauberung erzählte, lullte sie in einen Zustand wohligen Halbschlafs.

Daß sie ihm im flackernden Feuerschein gegenübersaß, schien ihr die natürlichste Sache der Welt zu sein, gerade so, als habe sie seine Ankunft ihr Leben lang erwartet, so als habe sie zum ersten Mal in ihrer kleinen, eintönigen Existenz etwas Lohnendes gefunden.

Er ergriff ihre Hand, und zu ihrer eigenen Verwunderung zog sie sie nicht zurück, sondern schloß ihre Finger um die seinen. Die andere Hand hob sie, um seine dichten braunen Haare zu streicheln und seine kleinen, seltsamen Ohren zu liebkosen.

Er blickte ihr lange und tief in die Augen, und seine Augen waren dabei so dunkel wie das Wasser unter dem Felsen in der Bucht. Sie fühlte, wie ihr das Blut ins Gesicht schoß. Und als sie in seinem Blick das Versprechen eines Endes und eines Anfangs sah, wurden ihre Gliedmaßen seltsam leicht. Sie erhob sich, vor Erregung taumelnd. Er faßte ihren Arm, um ihr Halt zu geben. Seine Berührung jagte eine Welle von Gefühlen durch ihren Körper, die sie widerstandslos machten, als er sie durch die offene Tür in den winzigen Schlafraum führte.

Als sie am nächsten Morgen durch den sanften, eindringlichen Gesang der zwischen den Felsen spielenden Robben erwachte, war er verschwunden. Nur die Stelle auf dem Kopfkissen, wo sein Kopf gelegen hatte, ließ erkennen, daß er überhaupt dagewesen war.

Mit zartem Ungestüm wünschte sie, daß der warme Frühlingstag verginge und der Abend anbräche. Unfähig, sich auf das Schreiben zu konzentrieren, schritt sie im Zimmer hin und her. Und wenn die Erinnerungen an die Nacht wie Wogen über sie hereinbrachen und sie schwindelig werden ließen, schlang sie die Arme um ihren Körper.

Als schließlich die Sonne unterging, war sie soweit, daß ihr Stolz ganz gebrochen war. Und als endlich sein leises Klopfen an der Halbtür erklang, warf sie sich, vor Erleichterung weinend, in seine Arme.

Es war, als ob er nie weggewesen wäre. Denn er beruhigte sie mit seinen Küssen, hielt sie fest umfangen, bis sie, an seinen kräftigen, dunklen Körper geschmiegt, einschlief.

So blieb es den ganzen Spätfrühling und frühen Sommer hindurch. Ihre Liebe wuchs und wurde immer tiefer. Und die stets gegenwärtige Robbenkolonie entwickelte sich prächtig im zunehmenden Licht der Sonne.

Am Anfang befragte sie ihn wegen seiner Abwesenheit am Tage. Er aber lächelte nur und wechselte das Thema, so daß sie allmählich begann, seine Verschwiegenheit als Gegebenheit ihres Zusammenlebens hinzunehmen. Sie fragte ihn nicht mehr. Jeden Morgen verschwand er, und wie auch früher schon gehörten die Tage ihr alleine. Mittlerweile hatte sie es aufgegeben, so zu tun, als ob sie schriebe. Als die Monate ins Land gingen, nahm ihr Gefühl von Unwirklichkeit während der Tagesstunden zu. Die Liebe hatte ganz von ihr Besitz ergriffen, und sie lebte ausschließlich für die Nächte. Sie lebte nur für die Rückkehr ihres einsamen, geheimnisvollen Geliebten, für die Gemeinsamkeit ihrer dunklen Stunden.

Um die Zeit zwischen Sonnenaufgang und Sonnenuntergang zu verbringen, hatte sie sich angewöhnt, lange Wanderungen am Strand zu machen, wo die Robbengemeinschaft beheimatet war. Sie beobachtete, wie die kleinen pelzigen Jungen unter der unermüdlichen Pflege ihrer Mutter heranwuchsen, wie die großen Bullen um den Erhalt ihres Territoriums kämpften und wie die jungen Männchen in Scheinkämpfen ihre wachsende Kraft erprobten.

Sie fühlte mit den Robben eine so starke Verwandtschaft, wie sie es mit den Menschen nie empfunden hatte. Von jeher war sie eine Außenseiterin gewesen, eine Einzelgängerin. Sie galt als etwas schrullig, weil sie kein Interesse für Raffgier und Opportunismus hatte, die von der Menschheit Besitz ergriffen hatten. Das war einer der Gründe, warum sie zu schreiben begonnen hatte. Sie hatte dadurch eine Ausrede, eine Begründung dafür, sich ungestört ihrer Abgeschiedenheit zu erfreuen und das geistlose, verletzende Geschwätz zu meiden, das sie durch ihre Schulzeit und ihre Jugendjahre verfolgt hatte.

Nun hatte sie auf der Insel das vollkommene Gleichgewicht gefunden. Am Tag leisteten ihr die Robben Gesellschaft, ohne in ihren Lebensbereich einzudringen, und bei Nacht liebte sie und wurde wiedergeliebt. Zugegeben, sie arbeitete nichts. Aber dazu würde später noch genug Zeit sein. Und an später zu denken hatte sie im Moment keine Lust. Aber dennoch wußte sie in ihrem Innersten, daß dieser zauberhafte Sommer irgendwann ein Ende finden mußte.

Es war in der ersten Woche im September, als das Boot ankam, ein kräftiges Boot, auf dem sich vier kräftige Männer befanden. Vom Fenster aus beobachtete sie, wie sie landeten und zwischen den Felsen ihr Lager aufschlugen. Dabei bedeckten sie den unberührten Kiesstrand mit einem unordentlichen Haufen von Ausrüstungsgegenständen wie Teerjacken, Tauen, einem verbeulten Teekessel und einem Kocher.

Sie kochten Tee, den sie im Kreis sitzend und lachend tranken. Ihr harter Festlandakzent und der betäubende Duft des frisch erblühten Stechginsters drangen durch das offene Fenster zu ihr herein.

Der größte der Männer erhob sich und beugte sich über das Feuer, um seine Tasse nachzufüllen. Als er sich aufrichtete, blitzte die Sonne kurz auf dem Messer auf, das er am Gürtel trug, und hinter ihrem Vorhang stehend, erschauerte sie, als sie erkannte, weshalb sie gekommen waren.

Es war die Zeit des Robbenschlags.

Irgendwo, weit weg auf dem Festland, hatten die »Behörden« beschlossen, daß die Anzahl der Robben streng unter Kontrolle gehalten werden müßte. Wegen der Fischerei. Gesichtslose Männer, die die Kolonie niemals gesehen hatten, hatten die Hälfte davon zum Tode verurteilt.

Und die vier »Naturschützer« vor ihr hatten sicher gut für das Privileg bezahlt, Hunderte von hilflosen, vertrauensvollen Muttertieren abschlachten zu dürfen. Die Robbenfelle erbrachten auf dem Schwarzmarkt ein Vermögen, und die Jagdlizenz kostete natürlich den entsprechenden Preis.

Die vier Männer beendeten ihre Teepause und kippten den Bodensatz auf die sonnengebleichten Steine. Die Plastiktassen stapelten sie unordentlich neben den Kocher.

Dann trockneten sie sich die Hände, rollten die Ärmel hoch und begannen systematisch mit ihrem Gemetzel.

Von einer grauenhaften Faszination ergriffen, beobachtete sie, wie sie die halbwüchsigen Jungen und die jungen Männchen häuteten. Sie arbeiteten mit Methode. Ihre Keulen mit den langen Griffen hoben und senkten sich im Takt, wobei sie sorgfältig darauf achteten, daß sie nur den Kopf trafen, damit der Pelz nicht beschädigt wurde. Einige – die Glücklicheren – töteten sie. Andere häuteten sie, während sie erst halbtot oder nur betäubt waren.

Aschfahl im Gesicht, starrte sie zwei Stunden lang hinaus, unfähig, ihre Augen von dem Blutbad abzuwenden. Währenddessen wurde der Haufen aus blutigen Häuten immer höher.

Endlich hob der Anführer seinen bis zum Ellbogen mit geronnenem Blut befleckten Arm, um Einhalt zu gebieten.

Und wie wenn nichts geschehen wäre, schien die Abendsonne weiter auf einen Strand, der mit Blut und Eingeweiden bedeckt war wie nach einer großen Schlacht.

Im Schatten eines riesigen Felsvorsprungs beugte sich

eine Robbenmutter winselnd über das, was von ihrem Kind übriggeblieben war. Indem sie ihm mit ihren Flossen einen sanften Stups gab, versuchte sie, den erbarmungswürdigen Rest aus freigelegten Muskeln und Sehnen zum sicheren Meer hinzuschieben.

Die Robbenfänger wuschen ihre karminrot befleckten Hände und begannen, ihr Abendbrot zuzubereiten. Sie aßen gierig, ohne die Verwüstung um sich herum auch nur im geringsten wahrzunehmen.

Sie wandte sich vom Fenster weg und legte sich aufs Bett. Ihr Körper war erschöpft vor Qual und Abscheu. Aus der Ferne hörte sie das Wehklagen der Robben, das durch das rauhe Lachen der Männer unterbrochen wurde. Sie weinte aus Scham über die Menschheit. Über ihre unnötige Grausamkeit und gefühllose Gier. Sie weinte, bis sie keine Tränen mehr hatte. Dann drehte sie ihr Gesicht zur Wand.

Allmählich wurde der Himmel dunkler, und die Herbstnacht senkte sich herab. Vom Schmerz erschöpft, schlossen sich ihre von den Greueltaten des Nachmittags gequälten Augen, und sie driftete ab in dankbares Vergessen.

Als sie erwachte, war es vollkommen dunkel. Dunkel und betäubend still. Ein plötzliches Angstgefühl ergriff sie, gefolgt von einer fürchterlichen Vorahnung. Denn sie war allein. In dieser Nacht, in der sie seine Stärke mehr gebraucht hätte als je zuvor, war er nicht gekommen.

Langsam tastete sie sich in der Dunkelheit ans Fenster. Die Mondsichel hing am Himmel, fast verdeckt vom Seenebel, wie eine Melonenscheibe unter vereistem Glas.

Es war eine Nacht, wie es jene erste Nacht gewesen war. Der einzige Unterschied bestand darin, daß dann und wann das Warnblinklicht des fremden Bootes an- und ausging, ein scharlachroter Nadelstich in dem filigranartigen Nebel.

Sie fühlte sich wie durch einen inneren Zwang getrieben, dem sie nicht widerstehen konnte. Sie hob ihr Schultertuch von der Stelle auf, wo sie es zuvor hingeworfen hatte, und legte es sich um ihre schmalen Schultern. Dann wankte sie in den feuchten Nebel hinaus.

Der kalte Seenebel zog in dichten Schwaden dahin, als sie sich ihren Weg über den Kies zum Strand hinunter suchte. Blind schleppte sie sich dahin, ohne jeden Richtungssinn, stolperte über Felsen, glitt auf Algen aus. Nur das zyklopische Blinken des Lichts auf dem Robbenfänger bewahrte sie davor, versehentlich ins Meer hineinzuwaten.

Mit jedem Schritt wurde das Gefühl in ihr mächtiger. Eine Mischung aus Angst und Schmerz wies ihr den Weg zu einem namenlosen Bestimmungsort in der vom Nebel eingehüllten Nacht.

Wie einem inneren Zwang gehorchend, war sie schon fast eine Stunde lang ziellos umhergeirrt, als plötzlich ein riesiger Fels vor ihr aus dem Nebel auftauchte. Und hier, an der windgeschützten Stelle unterhalb des Vorsprungs, fand sie ihn endlich. Als sie sich hinabbeugte, um ihn zu berühren, fühlte sich seine nackte Schulter kalt und seltsam klebrig an. Ekelerfüllt zog sie ihre Hand zurück. Sie war voller Blut. Sie beugte sich vor, um genauer zu schauen.

Sein Hinterkopf war zu Brei zerschlagen.

Mit großer Mühe unterdrückte sie ihren aufkeimenden Abscheu, kniete nieder und drehte ihn auf den Rücken. Geschockt von dem, was sie sah, preßte sie ihre blutbefleckte Hand auf den Mund, um einen hysterischen Aufschrei zu unterdrücken, der ihr aus der Kehle zu dringen und den letzten Rest von Verstand zu begraben drohte.

Es war keine Spur von Haut mehr übrig. Weder Haut noch Haar. Man hatte ihn vollständig skalpiert, und seine schönen Ohren waren ihm vom Kopf getrennt worden. Seine dunklen Augen, die sie mit so viel Liebe angeblickt hatten und die nun von einem milchigen Film überzogen waren, der den Tod bedeutete, starrten sie an wie die Augen eines Kabeljaus auf der Steinplatte des Fischhändlers.

Der ersten Welle des Entsetzens folgte unbeschreibliches Leid. So tief und heftig war dieser Schmerz, daß sie sich fühlte, als habe man sie entzweigeteilt.

Während sie den geschundenen Körper an ihre Brust drückte, begann sie schrill und unablässig zu jammern und zu wehklagen. Und als ihr Jammern immer lauter wurde, begann sie zu schaukeln, vor und zurück, wie eine Mutter, die ihr unruhiges Kind in den Schlaf zu wiegen versucht. Sie schaukelte mit zunehmender Geschwindigkeit, und ihr Ton wurde immer höher und weinerlicher. Ohne darauf zu achten, daß das Blut ihr Kleid befleckte und ihr Haar verklebte, preßte sie ihr Gesicht an den Rest, der von ihm übrig war.

Und wie sie so klagte, vernahm sie sanfte Stimmen, die sich erhoben hatten, um in ihr Klagelied einzustimmen, wie ein Echo, das durch den Nebelschleier über dem stillen Wasser der Bucht zu ihr drang.

Es waren tröstende Stimmen, die ihr von den kühlen, grünen Tiefen der unergründlichen Wasserstraße zuflüsterten, wo die Robben für immer zwischen den sich wiegenden Wäldern aus Algenflor umhergleiten. Sie lockten sie zu den dunklen, mit Muscheln bedeckten Felshöhlen, die keinen anderen Ton kannten als den Gesang des Robbenmädchens für ihren schlanken, grauen Geliebten. Sie riefen sie weg aus einer Welt, die unerträglich grausam geworden war. Sie riefen sie heim.

Sie hob ihren Kopf, hörte auf zu schaukeln und schnupperte in die Luft wie ein Hund, der seine Beute wittert.

Dann wurden ihre tränenumflorten Augen wieder klar, und sie lächelte.

»Wartet auf mich«, rief sie.

Dann beugte sie sich zärtlich hinab, um den zerbrochenen Schädel ein letztes Mal zu küssen, und bettete den zerfetzten Rest ihrer verlorenen Liebe sanft auf dem Sand zur letzten Ruhe.

Als sie sich schwankend aufrichtete, blinkte das rote

Licht auf dem Boot noch immer und ließ ihren blutbefleckten Mund für einen Augenblick im Dunkeln aufleuchten.

Geistesabwesend strich sie sich das zerzauste Haar aus dem Gesicht, zog ihr Schultertuch enger um ihren Körper und ging langsam und vorsichtig hinaus in das schwarze, nebelbedeckte Wasser.

Notiz im ›Edinburgh Examiner‹:

*25. November 1988.* Der Leichnam von Miss Moira Spencer, der im September am Strand der Robbeninsel, einem Naturreservat auf den Äußeren Hebriden, angeschwemmt worden war, wurde einer Obduktion unterzogen.

Miss Spencer, siebenundzwanzig Jahre alt, hatte auf der ansonsten unbewohnten Insel für den Sommer eine Kate gemietet, um dort ihren letzten Roman ›Das Robbenvolk‹ zu vollenden. Dieses Buch beruhte auf alten Sagen, deren Grundlage der Glaube vieler Bewohner der Hebriden ist, wonach die Robben eine verwunschene Rasse sind, welche die Fähigkeit besitzt, sich während der Nachtstunden in Menschen zu verwandeln.

Es wird angenommen, daß Miss Spencers Leichnam schon einige Tage im Wasser gelegen hat, bevor er von in diesem Gebiet arbeitenden Robbenfängern gefunden wurde.

Sie hinterläßt eine ältere Tante.

Das Gericht geht von einem Unfalltod aus.

Nancy Springer
# Aus alt mach neu

»Nein, ist es denn die Möglichkeit!« Auries Nachbarin bestaunte voll aufrichtiger Bewunderung die Pringle's Newfangled Potato-Chip-Büchse, die unter Auries Händen zu einer Inspiration für jeden geworden war, der sie zu sehen bekam. Mit goldenem Glitzerspray, einem ovalen Loch in der Mitte, Wattebäuschen und Plastikengeln im Inneren hatte sie die Büchse in einen tragbaren Himmel verwandelt, inklusive Schnappverschluß. »Heiliger Bimbam!« entfuhr es der Nachbarin. »Ich muß schon sagen, Aurelia Hess, mir ist noch nie jemand untergekommen, der aus altem Kram so tolle neue Sachen machen kann wie du.« Mit der dramatischen Inbrunst einer Zeugin der Anklage in einem Mordverfahren deutete sie auf die Pringle's-Büchse. »Du solltest die Dinger in Serie herstellen und sie verkaufen.«

»Grundgütiger«, protestierte Auries Mann Grant aus seinem Sessel, »bloß nicht noch mehr solches Zeug. An dem ganzen Plunder hier im Haus kann man ja jetzt schon ersticken.«

Die beiden Frauen beachteten ihn nicht; Creda, die Nachbarin, weil sie nicht viel von ihm hielt, und Aurelia, seine Frau, weil das Papierspitzendeckchen, das sie auf den Deckel der Büchse geklebt hatte, ihr Mißfallen erregte. Es bedeckte den Plastikverschluß nicht ganz so, wie sie es sich gewünscht hätte. »Ich hätte doch lieber einen goldenen Aufkleber für den Deckel nehmen sollen«, sagte sie.

»Sieht doch prima aus so«, wies Creda sie zurecht. »Dein Problem ist, daß du nie zufrieden bist, Aurie.«

»Das kann man wohl sagen«, murmelte Grant.

»Damit meine ich nur diese Dinger, die sie macht«, erklärte ihm Creda steif. »He.« Sie wandte sich wieder

Aurie zu. »Komm mit rüber zu mir, dann zeig ich dir, was ich Neues hab.«

Nur zögernd ging Aurie mit, sich wohl bewußt, daß Creda glaubte, sie hätten ein gemeinsames Interesse, und voller Schuldgefühle, weil dem nicht so war. Creda, die das sture Sparen der Pennsylvania Dutch bis ins Extreme betrieb, war eine Recycling-Fanatikerin. Sie duldete nur biologisch abbaubare Erzeugnisse im Haus und hob ihr Waschwasser zur Wiederverwendung auf. Sie bündelte ihre Zeitungen, sammelte Aluminium-Schrott und beschäftigte sich damit, die Welt aufzuräumen. Doch Aurelia (obwohl sie das nie offen zugab) scherte es einen Dreck, ob das ganze Universum an Umweltverschmutzung zugrunde ging. Ihre Leidenschaft für das Bergen von Pringle's-Büchsen und Dixie-Cup-Löffeln entsprang einem tiefen, rein persönlichen Quell. Einem mystischen Urquell, verborgen in der Wildnis ihrer Psyche wie die Goldmine, auf die ein spanischer Entdecker tief im Dschungel Floridas stößt, ein Quell, den sie selbst weder benennen noch ausmachen konnte oder verstand; sie spürte nur ihr ständiges Sehnen nach – etwas, das glühte wie die tropische Sonne, etwas, das mehr war, als sie hatte. Etwas, das es in ihrer Welt nicht gab. Oder noch nicht gab. Sie betrieb ihre Alchimie nur für sich selbst, für das noch unausgeformte Ziel ihres Lebens.

Drüben bei Creda bewunderte Aurie das neue Kompost-Klo nur flüchtig. Die Verwandlung von Plastiksaftflaschen in eine dekorative Verandaverkleidung faszinierte sie. Die Umwandlung der Kacke dieses Jahres in das Gemüse des nächsten hingegen nicht.

»Ich würde kein Gemüse essen wollen, das auf menschlichen Fäkalien gewachsen ist«, meinte sie beim Abendessen zu Grant.

Selbst wenn er ihr eigentlich zustimmte, fand er meistens einen Weg, ihr zu widersprechen. »Nettes Thema«, grummelte er. »Müssen wir darüber unbedingt bei Tisch reden?«

Sie beobachtete ihn, wie er ihre mit Liebe gekochten Kohlrouladen in sich hineinschaufelte. »Schmeckt es dir?« fragte sie.

»Ich ess' es doch, oder?« Tatsächlich aß er viel zuviel. Er war übergewichtig und kurzatmig, und obwohl er sich weigerte, zum Arzt zu gehen – wie oft hatte sie ihn nicht schon darum gebeten? –, wußte sie, daß er ein schlechtes Herz hatte.

»Warum kannst du nicht mal was Nettes sagen, Grant?«

»Warum nörgelst du die ganze Zeit an mir rum? Ich ernähr' dich doch, oder? Und ich bin dir auch noch nicht mit irgendeinem Flittchen durchgebrannt. Was zum Teufel willst du eigentlich?«

Das war eine Frage, die sie nicht beantworten konnte.

Nachdem sie das Geschirr gespült und den Herd geputzt hatte, trug sie ihr unnennbares Sehnen in das unbenutzte Gästezimmer, in dem sie Flaschen in Vogelfutterhäuschen verwandelte, Plastikringe in Türkränze, Deckel von Schinkenbüchsen in Bügeleisenuntersetzer, Eierkartons in Blumenarrangements, Früchtekörbchen in – sie wußte noch nicht genau, was sie aus den Früchtekörbchen machen würde. Oder den Kronenkorken. Oder den Truthahn-Halsknochen. Oder aus Grant.

Die Truthahn-Halsknochen, nach Thanksgiving und Weihnachten sauber ausgekocht, lagen aufgereiht und angenehm anzufassen auf einem rosa Styroportablett, das einst als Fleischverpackung gedient hatte, und warteten darauf, daß sie entschied, was mit ihnen geschehen sollte. »Schmeiß die Dinger endlich weg«, verlangte Grant von Zeit zu Zeit. »Sie ziehen Ratten an.«

»Tun sie nicht. Sie sind ganz trocken.« Was sie auch waren. Trocken und weiß wie ihre Abwaschhände.

Aurie griff nach der Tüte, die Creda ihr am Nachmittag gegeben hatte, einer Tüte voll kleiner Plastikbecher, nicht größer als Schnapsgläser. Anscheinend war die Methodistenkirche dazu übergegangen, Wegwerfbecher für das Abendmahl zu benutzen, nachdem die Damen sich nicht mehr freiwillig zum Abwasch der Gläser meldeten. Creda hatte Aurie erzählt, wie sie, Creda, beim Pfarrer protestiert hatte wegen dieser umweltbelastenden Veränderung, ihn aber wohl nur dazu hatte bringen können, die Plastikbecher wenigstens auszuspülen und für sie aufzuheben. Jetzt verließ sich Creda darauf, daß Aurie was Sinnvolles aus den Dingern machte.

Aurie saß auf dem Bett und betrachtete die Becherchen, ließ ihren Arm bis zum Ellbogen in den Sack hineingleiten, wühlte mit den Händen darin herum, spürte, wie ihre Schultern sich lockerten und das Runzeln von ihrer Stirn verschwand, während sie überlegte, wie sie die Becher in einen Lampenschirm verwandeln könnte. Es würde viel Arbeit machen, all die kleinen Dinger zusammenzukleben, aber auch nicht mehr als damals, als sie die Innereien Dutzender gebrauchter Blitzbirnen herausgepult und daraus einen glitzernden Bilderrahmen gemacht hatte. Dieser Lampenschirm würde genauso werden, glitzernd. Grant würde er nicht gefallen.

Sie stand auf, schlenderte ins Wohnzimmer und sah ihn an.

»Willst du was?« fragte er, ohne den Blick vom Fernseher zu wenden.

Sie sagte nichts, blieb nur im Türrahmen stehen, betrachtete ihn und den Raum. Blumentöpfe nahmen jeden Zentimeter der Fensterbänke ein, Blumentöpfe aus allen nur denkbaren Behältern gemacht – aus gelb angemalten alten Schuhen, aus den hübschen Margarineschachteln mit dem Blumendekor, aus in Blockhausart zusammengeklebten Lutscherstöckchen, die sie an diese alten Tiefkühlbehälter, die nie richtig schlossen, gepappt hatte. An der Wand hing ihr Mosaik, das sie aus dem über die Jahre zerbrochenen guten Fiesta-Geschirr gemacht hatte, weil sie es nie über sich brachte, die Scherben wegzuwerfen. Das Mosaik zeigte einen mexikanischen Jungen mit einem Sombrero. Grant konnte es nicht leiden, genausowenig wie die Tannenzapfen, die sie in kleine

Tiere für den Kaminsims verwandelt hatte. (»Schmeiß die Dinger raus, die ziehen Ungeziefer an!«), oder die spitzenbesetzten Plastikdeckel-Untersetzer auf den Beistelltischen, noch nicht mal die Aschenbecher aus alten Thunfischbüchsen, die sie mit schwarzer Zickzacklitze beklebt hatte, damit sie wie Autoreifen aussahen.

Das Zimmer sah nett aus, entschied Aurelia. Hell. Hübsch. Aber Grant wirkte hier fehl am Platz. Er war das einzige Ding im Haus, mit dem sie anscheinend nicht viel machen konnte. Einmal hatte sie Teile von Bierbüchsen (Iron City, seine Lieblingsmarke) zu einer Baseball-Kappe für ihn zusammengehäkelt, aber er hatte sie nie getragen.

»Was stehst du da so rum, Aurie?«

»Grant«, fragte sie, »hast du je daran gedacht, dich tätowieren zu lassen?«

Da schaute er sie an, mit hervorquellenden Augen. »Hast du sie noch alle, Aurie? Wofür das denn, um alles in der Welt?«

»Ach, ich dachte nur, so eine Tätowierung wäre hübsch.« Mehrere Tätowierungen, wenn sie es recht bedachte. Sie stellte sich einen Engel auf seiner rechten Schulter vor, einen Teufel auf der linken. Blumen und ein Herz auf seiner Brust. Vielleicht ein glückliches Gesicht auf seiner beginnenden Halbglatze, damit sie auf etwas Nettes schauen konnte, wenn er ein Hemd anhatte.

»Falls es mir jemals einfallen sollte, Geld für solchen Schwachsinn auszugeben, sag ich dir Bescheid.«

»Geld ist nicht alles«, sagte Aurie.

»Du hast zuviel von diesem Klebstoff geschnüffelt.« Kopfschüttelnd wandte er seine Aufmerksamkeit wieder dem Fernseher zu.

Später, in der Dunkelheit des Schlafzimmers, rief sie ihm leise über die Lücke zwischen ihren beiden Einzelbetten zu: »Grant, liebst du mich?«

Außer einem genervten Seufzer bekam sie keine Antwort.

»Grant Hess. Liebst du mich?«

»Himmelsakrament noch mal, Frau!« Flach auf dem Rücken liegend, brüllte Grant hinauf zu der niedrigen Decke, wie ein fettes Kalb auf der Schlachtbank. »Wir sind seit fast vierzig Jahren verheiratet!«

»Und?«

»Was zum Teufel glaubst du denn?«

Aurie sagte: »Ich möchte es dich einmal sagen hören.«

»Schmalz«, murmelte Grant. »Gesülze.« Mit einem entschlossenen Grunzen drehte er sich zum Schlafen um, den Hintern ihr zugewandt. Kohl verursachte ihm immer Blähungen. Er furzte.

Aurie sagte: »Danke gleichfalls«, stand auf und tappte barfuß (aus Trotz; dauernd war er hinter ihr her, Pantoffeln zu tragen) ins andere Zimmer, um ihre Bälle aus Schnur zu betrachten, ihre Säcke mit Nylonstrümpfen, ihre Milchkartons, aus denen sie Briefständer machen würde, Gemüsebehälter und Osterkörbe. Erst nach zwei Stunden kam sie zurück ins Bett und schlief ein.

Am Morgen war ihr Mann tot.

Nach dem ersten Schock, ihn so vorzufinden (kalt und dunkelrot), nachdem sie sich einigermaßen beruhigt und das Schlucken und Zittern aufgehört hatte, blieb sie lange Zeit in seine Betrachtung versunken stehen. Es war ihre letzte Chance, irgendwas aus ihm zu machen, und bevor sie das Telefon anrührte, mußte sie sich genau über ihre Pläne im klaren sein.

Als die Leute kamen, um ihn abzuholen, hatte sie eine klare Vorstellung.

»Einäscherung«, erklärte sie ihnen.

»Es muß eine Autopsie vorgenommen werden.«

Das machte ihr nichts aus. Das war auch nichts anderes, als eine Stoffpuppe aufzuschneiden und wieder zusammenzunähen. Und sie wußte, was sie finden würden: ein schlechtes Herz. Sie sagte: »Dann äschern Sie ihn direkt nach der Autopsie ein.«

»Sind Sie sicher? Haben Sie das mit den anderen

Angehörigen besprochen? Ihren Kindern? Dem Pfarrer?«

Es gab keine Kinder. Der Pfarrer war ein Trottel, genau wie dieser puddinggesichtige Beerdigungsunternehmer. Er war nur scharf auf das Geld für die Einbalsamierung und den Sarg, das wußte sie genau. Auch Grant wäre gegen diese Ausgabe gewesen. Obwohl sie andere Gründe dafür hatte, als Grant sie gehabt hätte. »Einäscherung.« Sie bestand darauf.

Sie hatte alles genau durchdacht. Daß es gesetzlich verboten war, tote Verwandte in irgendeiner Form im Haus zu behalten, außer in der von ihr geplanten, wußte sie. Bei Tieren war das etwas anderes, wenn sie recht informiert war. Sie hatte einmal von einer Frau gehört, die ihren toten Hund gefriertrocknen und ausstopfen ließ und ihn dann in ein Fußbänkchen verwandelte. Aber aus Grant einen Kaffeetisch oder so was in der Art zu machen, kam nicht in Frage.

»Einäscherung«, wiederholte sie entschieden.

Sie traf die angemessenen Vorbereitungen, wobei sie sich bewußt war, daß sie einen kleinen Skandal ausgelöst hatte. Es scherte sie aber nicht. Einige Mitglieder ihrer Kirchengemeinde waren mit ihrer Entscheidung nicht einverstanden, kamen aber trotzdem zur Trauerfeier, aus Neugier. Andere, die unsicher waren, wie man sich in Ermangelung eines anständigen Begräbnisses verhielt, brachten ihr Essen ins Haus. Obstsalat. Kuchen. Einen dänischen Schinken.

Aurie war völlig desinteressiert an diesen Gaben oder an Grants Sonntagskrawatten (die sie lange Zeit als luxuriöses Material für Patchworkarbeiten betrachtet hatte), oder an den Beileidskarten, oder an fast allem sonst, außer dem großen Projekt, an dem sie Stunde für Stunde arbeitete, während sie auf die Ankunft des Paketes wartete.

Einige Tage nach der Einäscherung kam es an: Grants Überreste, per Einschreiben.

Mit zitternden Händen trug sie das Paket ins Haus, riß das braune Einwickelpapier ab. In einer robusten Plastikschachtel lagen knappe drei Zentimeter Asche und ein paar angesengte Knochensplitter. Sorgfältig fischte Aurie die Knochenstückchen heraus, tat sie in die Küchenmaschine und zermahlte sie zu Staub. Den vermischte sie mit etwas Wasser in einer alten Fertigkuchenform, schüttete den Inhalt der Schachtel hinzu und spülte sie aus.

Kurz überlegte sie, was sie mit der Schachtel machen sollte. Es war eine nette Schachtel, viel zu gut zum Wegwerfen. Sie würde sie zu irgendwas umarbeiten. Vielleicht zu einer Schmuckschatulle, mit Muschelnudeln beklebt.

Es tat gut, auf dem Küchenfußboden Zeitungspapier ausbreiten zu können. Kein Grund mehr, ihre Leidenschaft auf das unbenutzte Zimmer zu beschränken. Jetzt stand ihr das ganze Haus zur Verfügung.

Als Creda an diesem Tag rüberkam (Creda war, als gute Nachbarin, jeden Tag seit Grants Tod vorbeigekommen), fand sie Aurelia Hess beim Anrühren einer glitzernden Goldfarbe (eine Art Strukturfarbe? Sie war von einer Körnigkeit, als sei echter Goldstaub drin) in einer Fertigkuchenform, die hätte recycelt werden sollen. Das sagte Creda natürlich nicht laut, nicht in einer für Aurie so schweren Zeit.

Statt dessen ließ Creda ein ermutigendes »Oooh, ist die schön!« hören. »Was ist das für Farbe? So schön dick und sämig.«

»Ich hab' ihr ein bißchen zusätzliche Substanz gegeben«, sagte Aurie. »Für etwas ganz Besonderes, an dem ich arbeite.«

»Was denn?«

Aus dem Allerheiligsten ihres Extrazimmers trug Aurelia es heraus und zeigte es ihr: eine gigantische Kreation, so breit wie ihre Arme weit, die sie aus Swanson's Rindfleisch-Büchsen und Schmerz gemacht hatte, aus Fleischtabletts und Kronenkorken und wütender Trauer, aus Blitzbirnen und Eierkartonblumen und Trost, aus den durchbrochenen Seiten von Obstkörbchen und Abendmahlbechern und Liebe. Und sie würde es golden anmalen, gold, gold, gold. Jede Seite würde so golden und so schön sein wie die andere. Sie würde eine prunkvolle Kette aus Truthahn-Halsknochen daran befestigen, goldbemalt mit der dicken, schimmernden Farbe, und ihr Meisterwerk über den Sessel hängen, und dort würde es bleiben, leise schwingen und schimmern, wann immer sie sich ihm näherte.

»Heiliger Strohsack«, rief Creda, »du hast es wirklich drauf, Aurie. Mir ist noch nie jemand untergekommen, der alten Kram in so tolle neue Sachen verwandeln kann wie du.«

Aurie lächelte, ließ sich auf die Knie nieder und begann, die Farbe aufzutragen, Grants Überreste in ein Herz aus purem Gold zu verwandeln.

## Uschi Zietsch
## Faschingszeit

»Und du gehst wirklich woanders hin?«

»Ja, Liebling.«

»Und du bist nicht eifersüchtig?«

»Versprochen.«

»Ich darf tun, was ich will?«

»Es ist Narrenzeit, Liebes. In unserer Familie ist es seit Jahrhunderten üblich, daß in der Faschingszeit Narrenfreiheit herrscht. Vor allem ab dem letzten Wochenende bis zum Kehraus.«

»Ach, ich bin ganz aufgeregt.« Wirklich, das war ich. Ich kam kaum mit dem Schminken zurecht, geschweige denn mit dem Anziehen. Charles kam herein, erblickte das Chaos und lachte schallend.

»Komm, ich mach das.« Er hob den Umhang auf und legte ihn mir um die Schultern. Er kam mir dabei so nahe, daß ich den herben, männlichen Duft seines Rasierwassers einatmen konnte. Teufel, sah er gut aus. Er entstammte einem uralten Adelsgeschlecht, war reich, vornehm, gebildet und mindestens so alt wie Methusalem, aber immer noch ein verdammt schöner Mann. Wir hatten uns auf einem Empfang kennengelernt, ich war die kleine Kellnerin, er der große Mann von Welt. Ich war durch meine Arbeit schon allerhand gewöhnt (ich arbeitete vorwiegend nachts, weil man erstens mehr verdiente und weil ich zweitens wie eine Eule erst abends richtig wach werde), aber so schnell wie er war noch niemand zur Sache gekommen.

»Wollen Sie mich heiraten?« fragte er mich schon beim zweiten Champagnerglas, das er gerade von meinem Tablett nahm.

»Wie bitte?« Ich sah ihn zornfunkelnd an, denn ich dachte, daß er sich wie alle anderen Männer von Welt nur über mich kleines Gänschen lustig machen wollte. Die reichen Leute machen sich gern ein – wie sie glauben – gutmütiges Späßchen mit der arbeitenden, weniger betuchten Bevölkerungsschicht. Und sie finden es auch richtig nett, hin und wieder mit den »anderen« Menschen zu reden. Sie sehen eine besondere Art von Menschenfreundlichkeit darin, die Leute, von denen sie bedient werden, ein bißchen mit in ihr Leben einzubeziehen – durch Komplimente, Scherze usw. –, damit sie sich nicht ausgeschlossen fühlen müssen. Ich habe stets jedem sogenannten gutmeinenden Menschen meine Meinung dazu ins Gesicht gesagt, und auch jetzt machte ich keine Ausnahme. Natürlich kannte ich diesen Mann aus den Zeitungen, er war als intellektueller, spöttischer Lebemann bekannt, ein schillernder Nachtvogel, auf den die Frauen nur so flogen. Mich konnte er allerdings keineswegs beeindrucken, und ich hatte weder Ehrfurcht noch Angst vor Macht und Geld.

»Ich weiß nicht, für wen Sie mich halten, aber ich bin keine von Ihren gehirnlosen Schnepfen, klar?« fauchte ich. Ich wartete darauf, daß er sich sofort beschweren würde; ich war bereits daran gewöhnt, hin und wieder meine Arbeit bei Empfängen vorzeitig beenden zu müssen (das heißt, ich wurde wegen meiner Dreistigkeit hinausgeworfen), denn ich sah nicht ein, mich nur wegen ein paar gönnerhaften Trinkgeldern von diesen eingebildeten Fatzken anpöbeln zu lassen. Vielleicht ist das dummer Stolz, denn so blieb ich arm, aber ich wollte mir treu bleiben; vermutlich war auch ein Rachegedanke dabei, es diesen eingebildeten Herren einmal gründlich zeigen zu können. Und an das Märchen vom reichen Prinzen, der sich in die arme Müllerstochter verliebt, glaubte ich schon gar nicht.

Dieser Mann jedoch beschwerte sich nicht, sondern hob sein Glas, prostete mir zu und trank. »Eben darum«, erwiderte er sanft. »Sie sind ein wunderschönes junges Mädchen, das weiß, was es will. Ich habe Sie beobachtet. Sie faszinieren mich, und ich möchte Sie heiraten.«

»Pah«, machte ich schnippisch. »Das ist doch ein Witz. Ich bin bestimmt fünfzig Jahre jünger als Sie.«

»Das könnte hinkommen«, meinte er lächelnd. »Ich habe in meinem langen Leben viele Frauen kennengelernt, und ich habe bestimmt die eine oder andere geliebt. Aber keine von ihnen hätte ich je geheiratet. Sie sind die erste Frau, der ich einen Heiratsantrag mache. Wenn Sie jemals die Regenbogenpresse gelesen haben, müßten Sie das wissen.«

»Vermutlich sind die alle rechtzeitig vorher weggelaufen«, entgegnete ich giftig. »Wenn Sie jetzt noch sagen, daß wir füreinander bestimmt sind, weil wir von derselben Art sind, schmeiße ich Ihnen das Tablett an den Kopf.«

Er lachte. »Meine Liebe, da erkennen Sie es schon selbst! Ich werde von der Presse der König der Nacht genannt, und Sie sind meine Königin der Nacht. Ich werde es Ihnen beweisen.«

Und dann entführte er mich, mitten aus dem Empfang heraus. Er zeigte mir die Stadt, wie man sie selbst in den Seifenopern im Fernsehen nicht zu sehen bekommt. Er stank vor Geld, und er war überwältigend charmant, unterhaltsam, ungewöhnlich, einfach hinreißend. Es war die verrückteste Nacht meines Lebens, und als der Morgen kam, war ich unsterblich verliebt. Einen Monat später heirateten wir heimlich, und dann zeigte er mir die ganze Welt. Die Zeitungen überschlugen sich, als die Neuigkeit durchsickerte, aber kein Reporter machte uns ausfindig. Charles war ein seltsamer Mann, von vielen Geheimnissen umgeben, der nicht gesehen wurde, wenn er nicht wollte. Ich hatte manchmal ein wenig Angst vor ihm, denn er war autoritär, geradezu herrisch, und er hatte ein paar seltsame Angewohnheiten; aber diese Angst verflog rasch, denn wir liebten uns, nicht in einem Scheingebilde, das aus Geld und Hörigkeit bestand, sondern wirklich. Ich führte ein Leben wie im Märchen, wurde von allen Seiten bedient und verwöhnt und entbehrte nichts, überhaupt nichts. Selbst als Liebhaber war er noch unerreicht, und ich darf mich wohl als die glücklichste Frau der Welt bezeichnen. Ende Januar kamen wir wieder nach Hause, und ich freute mich sehr darüber, denn ich wollte unbedingt noch den Fasching miterleben. Aber auch Charles liebte den Fasching, wie er mir gestand, und es war die Regel, vor allem das letzte Wochenende durchzufeiern – aber getrennt. »Ich schreibe dir nichts vor, und du mir auch nicht«, sagte er. »Im Fasching kenne ich keine Hemmungen, da tanke ich meine Energien für ein ganzes Jahr auf, und das solltest du auch tun, meine Liebe. Nutze deine Jugend!«

Ich stimmte ihm zu, wie immer, ich tat stets, was er sagte. Deshalb auch meine Aufregung, denn so einen Fasching hatte ich natürlich noch nie erlebt. Ich durfte soviel Geld ausgeben, wie ich wollte, und jeden hübschen Mann vernaschen. Bisher war das immer umgekehrt gewesen.

»Na, freust du dich?« fragte er lächelnd, als er meinen Umhang befestigte.

»Und wie!« Ich fiel ihm um den Hals, und er umarmte mich fest. »Ich liebe dich!«

»Ich liebe dich auch, mein Herz.«

Wir drehten uns um und betrachteten uns kritisch im mannshohen Spiegel. Wir sahen umwerfend aus. Ein Mann in Charles' Alter und in seiner Position konnte natürlich nicht als Clown, Seefahrer oder sonstwas gehen. Er mußte elegant sein, wie immer, und verkleidete sich daher natürlich als Vampir, ganz stilecht mit Zylinder und Umhang mit hochgestelltem Kragen. Für mich als seine Frau kam auch nichts anderes in Frage, auch wenn wir getrennt gingen, und außerdem hatte ich mir ein Leben lang gewünscht, einmal als männermordender Vamp auf den Fasching zu gehen und nicht immer diese billigen dünnen Fetzen tragen zu müssen. Charles hatte mir diesen Wunsch erfüllt und mir ein wahnsinnig teures schwarzes Abendkleid geschenkt, das durch seine Schlichtheit bestach, seitlich geschlitzt war, tief ausgeschnitten und hauteng. Ich hatte auch einen Umhang mit hochgestelltem Kragen; meine schwarzen Haare waren kunstvoll hochgesteckt und von einem Diamantdiadem zusammengehalten; ich trug ellenbogenlange schwarze Handschuhe, an denen Armbänder und Ringe funkelten. Der König und die Königin der Nacht. Für einen Moment bedauerte ich, daß wir nicht zusammen gehen konnten, aber Charles duldete keinen Widerspruch, und er hatte recht, ich war nur einmal so jung wie jetzt und mußte das Leben genießen, weil ich es endlich konnte.

Der Fahrer hielt in der Innenstadt vor dem Lenbachpalais, und Charles drückte mir eine Reihe von Eintrittskarten in die Hand. »Das dürfte reichen bis Dienstag nacht«, sagte er. »Du steigst hier aus, ich fahre noch ein kurzes Stück weiter. Der Fahrer holt dich am Dienstag um ein Uhr früh hier wieder ab. Auf Wiedersehen, Liebling. Mach mir die Stadt schön unsicher.« Er küßte mich innig, dann stieg ich aus.

Und stürzte mich ins Getümmel. Während ich im Palais an der Bar die erste Flasche Champagner in mich hineinkippte, taxierte ich die jungen Männer. Bald hatte ich die erste Wahl getroffen und begann damit, die Aufmerksamkeit des Jünglings auf mich zu ziehen. Es waren viele männliche und weibliche Vampire da; aber natürlich konnte keiner mit mir konkurrieren. Ich war jung, ich war schön, das Geld funkelte an mir, und Charles hatte mir alles beigebracht, was man braucht, um unwiderstehlich zu sein, auch die Aura des Geheimnisvollen. Ich war die Königin der Nacht, wie Charles es mir prophezeit hatte. Die giftigen Blicke und Aussprüche meiner Konkurrentinnen reizten mich nicht im geringsten, denn alle Männer waren *mein*. Schon beim Tanzen spürte ich, daß der Jüngling ganz heiß auf mich war; seine Hand glitt immer wieder über meinen Schlitz im Kleid, und wenn er dabei zufällig meine Haut berührte, fuhr er jedesmal wie vom elektrischen Schlag getroffen zusammen. Ich war ebenfalls schon ziemlich erregt, aber ich mahnte mich zur Ruhe. Vier Nächte, dachte ich. Du hast vier Nächte Zeit. Und alle werden drankommen.

Ich weiß nicht, auf wie vielen Festen ich war. Ich traf Charles nicht ein einziges Mal, vielleicht hatte ich ihn auch übersehen, denn ich durchlebte die vier Nächte wie in einem einzigen Rausch. Die Tage bekam ich überhaupt nicht mit, ich weiß auch nicht, wo ich sie verbrachte. Ich genoß meine Jugend, mein Verlangen, das Bewußtsein, kein Aschenputtel mehr zu sein und nicht mehr auf der Schattenseite des Lebens zu stehen. Meine Dankbarkeit für Charles kannte keine Grenzen mehr. Was hatte ich alles versäumt! Am Dienstag begann das Faschingstreiben schon in der Früh in der Fußgängerzone, dann blieb ich in Schwabing hängen und zog durch sämtliche Kneipen, die ich vermutlich alle leersoff und leerliebte. Kein hübscher Mann war vor mir sicher. Es war ein Taumel, eine Orgie, die sich kein Mensch vorstellen kann.

Trotzdem war ich pünktlich um ein Uhr früh am verabredeten Ort, und der Fahrer brachte mich nach Hause. Ich fühlte mich jetzt satt, zufrieden und schläfrig, und ich ging langsam, den Umhang hinter mir herschleifend, die Schuhe in der Hand, ins Haus. Charles war schon da, seine Augen funkelten und glänzten, er nahm mir Umhang und Schuhe ab und brachte mich nach oben.

»War es schön, Liebling?« fragte er leise und zärtlich, während er mich behutsam entkleidete.

»Es war herrlich«, seufzte ich und fuhr mit der Zunge über meine Lippen, meine Zähne. Im rechten Mundwinkel spürte ich noch einen Rest Blut, den ich genüßlich ableckte. Ich kuschelte mich an Charles, der mich fest in seine Arme nahm, und sog seinen Raubtiergeruch ein. Seine Lippen streiften spielerisch meinen Hals. »Ah, ich bin fertig«, sagte er seufzend, »es reicht wieder für ein Jahr.« Er lachte leise, und ich sah seine spitzen weißen Zähne aufblitzen. »Übermorgen sollten wir wieder verreisen, denke ich, und die Früchte unserer Arbeit genießen.«

»Ja«, murmelte ich. »Es war einfach wundervoll. Der schönste Fasching meines Lebens.«

»Das ist gut. Ich sagte dir doch, ich zeige dir das Leben, wie es wirklich ist.«

»Und weißt du, was mir am besten gefallen hat?«

»Was denn, Liebling?«

»Daß dies die einzige Zeit ist, zu der wir uns nicht verkleiden müssen, sondern uns so zeigen können, wie wir wirklich sind, und keinem fällt es auf.«

# Lois McMaster Bujold
## Tauschgeschäft

Der Eierkuchenteig strebte auf die Pfannenmitte zu wie eine Masse von Amöben in intimer Verknäuelung. ›Wahrscheinlich zuviel Milch im Teig‹, dachte sich Mary Alice. ›Ich hätte sie wohl besser abgemessen.‹ Mit dem Pfannenwender stocherte sie irritiert in dem sich schon festigenden Papp herum, um ihn besser zu verteilen und dahin zurückzubefördern, wo er hingehörte. Mitten durch den Pfannenwender zog sich durch Metallermüdung schon ein Riß. Als ihn Mary Alice wieder weglegte, blieb ein Batzen des halbfesten klebrigen Breis an dem ausgefransten Riß des Pfannenwenders hängen und zog sich in langen Fäden aus der Pfanne. Teig tropfte in die Gasflamme, es qualmte und stank fürchterlich. Hastig wischte Mary Alice den Teig mit einem Küchenhandtuch weg, das sofort Feuer fing und Funken sprühte.

Im Wohnzimmer brüllte der Fernseher plötzlich mit dreifacher Lautstärke. »Stellt das Ding gefälligst leiser!« schrie Mary Alice. Schon bei normaler Lautstärke war ›Der Junge vom anderen Stern‹ schlimm genug, aber so war er vollends unerträglich ... Die rotleuchtenden Zahlen der Digitaluhr zeigten drei Uhr sechzehn morgens an. Da die Sonne schien, konnte Mary Alice davon ausgehen, daß die Kinder wieder einmal an dem Einstellknopf herumgespielt hatten. Aber ganz egal – wenn ›Der Junge vom anderen Stern‹ lief, mußte es Samstag vormittag sein, genauer gesagt neun Uhr dreißig. ›Inzwischen ist es schon dahin gekommen, daß sich mein Leben nach dem Fernsehprogramm richtet‹, dachte sie erbittert. Sie hielt sich die Ohren zu und stürzte ins Wohnzimmer.

»Leiser!« schrie sie aufgebracht und schritt gleich selbst zur Tat. »Wenn ihr euren kleinen Bruder noch mal an dem Kasten rumspielen laßt, ist Schluß mit dem Fernsehen!« Wenn gar nichts anderes mehr half, griff sie zur schlimmsten aller Drohungen...

»Och, Mami...«

»Schließlich seid *ihr* mit ihm in einem Zimmer und nicht ich. Ihr sollt doch auf ihn aufpassen.«

»Ich habe nicht gesehen, wie er den Fernseher lauter gestellt hat.«

»Erzähl mir keine Märchen. Er muß doch direkt vor dir gestanden haben.«

Der Kleine brabbelte verzückt vor sich hin, als er um die Ecke gewackelt kam, die Katze an einer Pfote hinter sich herziehend. »Bryan! Laß sofort die Katze los!«

Janie kauerte sich beleidigt ganz dicht vor die Mattscheibe, die ihr die wunderbare Welt der im Spritzgußverfahren hergestellten Plastikherrlichkeiten nahebrachte, und riß verzückt die Augen auf beim Anblick von Malibu-Barbie samt Swimmingpool im Angebot. Petroplastik im Wert von ein paar Pfennigen – der Preis jedoch auf das Lebensmittelbudget einer ganzen Woche hochkatapultiert. »Mami, so eine will ich zu Weihnachten...«

»Meine Güte, wir haben jetzt August«, zischte Mary Alice und trat den Rückzug in die Küche an. Der nächste Eierkuchen war inzwischen angebrannt. Die zweite Katze saß oben auf der Anrichte und schleckte den Teig genüßlich direkt aus der Schüssel.

Zähneknirschend packte Mary Alice die Katze mit geübtem Griff und warf sie ins Wohnzimmer zurück, in der stillen Hoffnung, daß sich ihr jüngster Sprößling auch noch dieses Untiers bemächtigen würde. Sie stierte in die Schüssel und fragte sich, wieviel die Katze wohl schon herausgeschlabbert hatte – und an welcher Stelle. Machte sich eine der Katzen über die Margarine her, sah man sofort, wo die rauhe Zunge verräterische Spuren hinterlassen hatte. Da war es nicht weiter schwer, die Stelle und das Umfeld rauszulöffeln, doch beim Eierkuchenteig... Sie trat mit der Teigschüssel an den Ausguß, schöpfte eine oder zwei Kellen ab und goß sie platschend in das Spülbecken. Der Teig wurde ja ohnehin erhitzt...

Ihr Ältester stolzierte durch die Küche – General Teddy Han Solo Moore jr., sieben Jahre alt. Augenscheinlich war er drauf und dran, sich ins Schlachtengetümmel zu stürzen. Zu diesem Zweck mußte er seine Truppen noch formieren.

»Mami, hast du Luke Skywalker gesehen?«

»Dein kleiner Bruder hatte ihn, glaube ich. Wahrscheinlich hat ihm das kleine Ungeheuer inzwischen den Kopf abgebissen...«

»Was gibt denn das für Eierkuchen?«

»Bananeneierkuchen.«

»Du weißt doch, daß ich Bananen nicht *ausstehen* kann.«

»Dann fischst du die Bananenstücke eben raus. Verschwinde jetzt, du undankbarer kleiner Bursche!« fauchte sie. »Ich rufe euch, wenn das Frühstück fertig ist.«

Ihr Mann wand sich auf dem Weg zur Küchentür an ihr vorbei.

»Wo willst du denn jetzt noch hin? Das Frühstück ist gleich fertig.«

»Ich trinke nur eine Tasse Kaffee. Ab heute mache ich wieder Diät.«

»Aber ich habe den Teig für fünf Personen berechnet.«

»Das ist doch nicht meine Schuld.«

»Du hättest es mir schließlich vorher sagen können.«

»Du hast mich ja nicht gefragt, ob ich etwas essen will. Außerdem fahre ich mit Harold Krieger bei Lawson's Zeitungen kaufen. Da gibt's auch überregionale. Wir wollen die Stellenanzeigen zusammen durchgehen.«

Ja, von wegen – sie landen bestimmt wieder in der Videopassage, dachte sie benommen. Sie ärgerte sich maßlos, da würden wieder mal fünf Dollar für Pac-Man draufgehen, und der gute alte Kumpel Harold Arbeitslos war natürlich mit von der Partie. Und dafür habe ich mir letzte Woche wieder mal die Duschhaube verkniffen, und das schon seit vier Monaten, weil ich die 2,69 Dollar einsparen wollte und mir die Haare ja schließlich auch mit diesem alten Tuch hochbinden kann, das so zerschlissen ist, daß es bald auseinanderfällt.

»So, Kinder, kommt jetzt essen!«

»Mami, bring mir meine Eierkuchen doch ins Wohnzimmer.«

»Bananen bringe ich nicht runter, davon wird mir schlecht.«

»Dideldideldidel...«

›Ich verliere noch den Verstand‹, dachte Mary Alice gottergeben.

Sie hastete ins Wohnzimmer, um ihre Kinder einzusammeln, trieb sie zusammen wie ein Cowboy seine Herde und scheuchte sie in die Küche. Janie wollte den bereits für sie eingegossenen Orangensaft nicht trinken. Sie bestand auf kaltem Wasser mit zwei Eiswürfeln. General Solo pickte mit Todesverachtung und überaus sorgfältig die Bananenstücke aus den Eierkuchen. Der Kleine warf seine Portion mit ausgelassenem Gequieke den Katzen zum Fraß vor. Die stürzten sich sofort darauf und schwärmten wie die Haie um Bryans hochbeiniges Kinderstühlchen. Mary Alice wußte nicht so recht, ob sie sein Gequieke als Beifalls- oder Mißfallenskundgebung deuten sollte.

Grimmig vertilgte die geplagte Mutter zwei Erwachsenenportionen. Dabei dachte sie an die armen, vom Hungertod bedrohten Kinder der Dritten Welt. Sie hätte ihnen liebend gern alle Reste überlassen, wenn sich das irgendwie realisieren ließe. Als ihre Kinder ausnahmsweise einmal kurz verstummten, trank sie den ersten Schluck von ihrem Morgenkaffee. Sie hatte ihn sich schon vor einer ganzen Weile eingegossen, inzwischen war er kalt. Plötzlich wurde die wohltuende Stille durch unüberhörbare rhythmische Geräusche unterbrochen – unverkennbar Würgelaute. Eine der Katzen übergab sich – natürlich auf den Teppich und nicht etwa zur Abwechslung einmal auf das Linoleum.

Von da an ging einfach alles schief. Janie schlurfte durch das Erbrochene, bevor Mary Alice es wegwischen konnte, denn Bryan war auf die Anrichte geklettert und hatte den Filter der Kaffeemaschine in seine sechs Bestandteile zerlegt. Der Filter ließ sich eigentlich ganz leicht wieder zusammensetzen, darin hatte Mary Alice bereits Übung. Doch diesmal war der Filter noch mit feuchtem Kaffeesatz angefüllt gewesen, welcher sich aufgrund von Bryans Forscherdrang über die Gasflammen verteilte. Malibu-Janie und General Solo lagen sich in den Haaren, weil sie sich nicht auf ein Fernsehprogramm einigen konnten. Mary Alice lehnte es strikt ab, da als Schiedsrichterin zu fungieren – aus einem einfachen Grund. Sie würde auf jeden Fall als Verliererin dastehen, hin- und hergerissen zwischen Skylla und Charybdis, Black Beauty und den Schlümpfen. Das Geschirr spülte sich leider nicht von selbst. Es stapelte sich auf der Anrichte neben dem Gasherd – eine Rennstrecke mit Hindernissen für Katzen auf der Suche nach etwas Freßbarem. Anders als gemeinhin behauptet, sind Katzen keine graziösen, geschickten Tiere, sondern Trampel. Es gelang ihnen, die letzte noch verbliebene große Servierplatte hinunterzubefördern. Sie zerschellte auf dem Boden.

Mary Alice fühlte sich hundeelend. Völlig entkräftet stand sie in der Küchentür und fragte sich, ob sie zuerst das von der Katze Erbrochene vom Teppich wischen oder die scharfkantigen Scherben auf dem Küchenboden aufkehren sollte, die nur darauf warteten, in bloße Kinderfüße zu schneiden. Sie brachte diese Rasselbande einfach nicht dazu, Hausschuhe anzuziehen. Sie sah sich bereits den restlichen Vormittag mit ihren Kindern in der Notaufnahme des Krankenhauses zubringen, damit die Schnittwunden genäht werden konnten – eiternde

Schwären, in denen sich dank der Katzen Krankheitserreger eingenistet hatten.

Zu allem Überfluß klingelte es auch noch an der Haustür.

Zähneknirschend murmelte Mary Alice Worte vor sich hin, die nicht für Kinderohren geeignet waren. Sie zog so heftig an der Tür, daß sie sich dabei einen Fingernagel einriß. »Wir brauchen nichts, was es auch ist...«, setzte sie an und verstummte.

Was für ein *seltsamer* kleiner Mann. Er war allerhöchstens 1,50 m groß, hatte eine blasse, schlaffe Haut und keuchte asthmatisch. Das Männchen war in ein seidig schimmerndes Material gewandet, das bei jeder Bewegung die ganze Farbskala zu durchlaufen schien, dann wieder farblos wurde oder in Farben leuchtete, für die es keinen Namen gab. Ein mit einem ähnlichen Stoff überzogener Koffer – so eine Art Musterkoffer, wie ihn Vertreter mit sich führen – baumelte oder, besser gesagt, schwebte neben ihm, wie Mary Alice klarwurde: das Kerlchen trug ihn nicht. Da sie mit ihren drei Kindern und den beiden Katzen allein im Haus war, hätte sie sich eigentlich fürchten müssen, doch vor Männern, die kleiner waren als sie selbst, hatte sie grundsätzlich keine Angst. Außerdem machte das Männchen einen sehr mitgenommenen, um nicht zu sagen kranken Eindruck.

»Brauche ganzen Salmiakgeist im Haus«, keuchte der kleine Mann mit sonderbar kehliger Stimme.

»Wie bitte?« Mary Alice starrte ihn mit weitaufgerissenen Augen an und saugte dabei an ihrem blutenden Finger.

»Salmiakgeist. Brauche nötig Salmiakgeist. Kein Geld – will tauschen. Was kosten Salmiakgeist?«

Wie es der Zufall wollte, hatte Mary Alice mehr als genug Salmiakgeist im Haus. Den hatte es nämlich diese Woche gegen Gutschein als Sonderangebot im Supermarkt gegeben – zwei Flaschen zum Preis von einer.

Mary Alice haßte diese Gutscheine, die man im Supermarkt bekam oder aus Zeitungen und Zeitschriften ausschnitt. Sie kam sich damit vor wie eine Ratte, die in einem Labyrinth unsinnigerweise durch die Gänge hastet – sparen, falten, einkleben, den Hebel drücken und die Glocke läuten – nur um ein paar Pfennige einzusparen. Aber Gutscheine waren sozusagen bares Geld, und Geld warf man doch nicht weg.

Leicht eingeschüchtert, doch auch fasziniert, beäugte Mary Alice das Männchen. »Was geben Sie mir denn für den Salmiakgeist?« erkundigte sie sich.

Die Antwort des Fremden ging jedoch in dem plötzlich hinter ihr ausbrechenden heillosen Lärm unter. Durch das Getöse entging ihr, was er hatte sagen wollen. Da trat sie aus dem Haus und schlug die Tür hinter sich zu, als ließe sie ein Fallgitter niedersausen, um einem heranstürmenden Stoßtrupp Einhalt zu gebieten. Das half immerhin ein wenig. Der Kleine klappte seinen Musterkoffer auf. Oder war es ein Süßwarenbauchladen, ein Werkzeugkasten? In dem Koffer glitzerten und blinkten merkwürdig geformte Gegenstände. Geblendet schloß Mary Alice die Augen, ihr war ganz wirr im Kopf.

»Hören Sie, Lazarus oder Beelzebub, oder wer Sie auch sind – Sie können meinen Salmiakgeist haben, wenn Sie ihn wirklich brauchen. Das einzige, was ich bräuchte, ist ein Schalter, um meine Kinder auszuknipsen, aber so was haben Sie ja wohl kaum ...« Sie lächelte verkrampft, weil sie diesen uralten Witz selbst nicht mehr besonders komisch fand.

Doch das Männchen strahlte. »Ah! Biostase, also Fachgebiet Erstarrung. Ganz einfach, liebe Frau, kann ich dir geben.«

Mary Alice erstarrte regelrecht, taute wieder auf und fing an zu zittern. Ihre Gedanken überstürzten sich, die Bedeutung seiner Worte drang nicht gleich in vollem Ausmaß zu ihr durch. Was das Kerlchen da angedeutet hatte, klang jedoch so vielversprechend, daß es unvorstellbar schöne Visionen in ihr heraufbeschwor. Um ein Haar hätte sie den Besucher am Ärmel gepackt, doch im letzten Augenblick zog sie die Hand zurück, weil sie befürchtete, der Kleine könnte zerplatzen wie eine Seifenblase, an die er stark erinnerte – ohne daß auch nur ein Tropfen zurückblieb, der bewies, daß sie sich das alles nicht nur eingebildet hatte.

»Darf ich Sie hereinbitten?« hauchte sie. »Kommen Sie mit in die Küche. Sie müssen aber aufpassen, wo Sie hintreten . . .«

Die drei Kinder klebten regelrecht an der Glotze, waren vom Werbefernsehen so fasziniert, daß sie nicht einmal aufblickten, als ihre Mutter mit dem fremdartigen Wesen vorüberging. Mary Alice stieg auf Zehenspitzen über die Scherben in der Küche hinweg und zog einen klebrigen Stuhl für ihren Gast unter dem Küchentisch hervor. Der quittierte das mit einem dankbaren Lächeln und setzte sich schwerfällig. Er keuchte jetzt hörbar. »Salmiakgeist, liebe Frau!« stieß er hervor. »Sofort?«

»Ach ja, natürlich.« Mary Alice hechtete in den Keller, wo sie den Salmiakgeist und die übrigen Reinigungsmittel im obersten Fach eines Regals aufbewahrte – zumindest theoretisch außerhalb der Reichweite von Kleinkindern. Doch seit dem Malheur mit dem Puderzucker und dem Palmolive-Spülmittel im obersten Regalfach ihrer Speisekammer erschien ihr die Unterbringung ganz hoch oben als Sicherheitsmaßnahme nicht mehr ausreichend. In jeder Hand eine Zweiliterflasche Salmiakgeist, hastete Mary Alice die Kellertreppe wieder hoch. Oben wuchtete sie dem Besucher eine der schweren Plastikflaschen auf den Schoß. »Ist Ihnen Meister Proper recht?«

Das Männchen rang nach Luft und nickte. Mühselig schraubte es den Deckel ab. Als ihm die aus der Plastikflasche aufsteigenden Dämpfe in die Nase stiegen, lächelte es verzückt. »Ja«, hauchte es und versuchte zitternd, die schwere Flasche an den Mund zu heben, doch seine Ärmchen waren zu schwach. Um ein Haar wäre ihm die Flasche mit dem Salmiakgeist entglitten. Eine ganze Ladung schwappte auf seine schimmernde Gewandung, ohne sie aber zu durchnässen. Ohne die geringste Spur auf dem Stoff zu hinterlassen, ergoß sich der Salmiakgeist in eine schmuddelige Lache auf dem Küchenboden. »Hilf… mir«, flüsterte das Kerlchen.

Mary Alice hoffte inständig, daß sie ihm nicht dazu verhelfen würde, Selbstmord zu begehen. Der Pappbecherspender war leer, wie nicht anders zu erwarten. Kein sauberes Glas mehr da, im Küchenschrank nicht eine einzige saubere Tasse. Gläser und Tassen stapelten sich schmutzverkrustet, mit Ringen sauer gewordener Milch und fettigen Fingerabdrücken inmitten des sich zu Bergen türmenden schmutzigen Geschirrs. Da fiel ihr Janies Reklamebecher von McDonald's ein. Nervös sah sie sich um, denn für gewöhnlich bekam Janie einen Schreikrampf, wann immer sich jemand erdreistete, ihren Becher auch nur anzurühren. Doch ihr mittleres Kind war völlig weggetreten und lechzte nach dem Werbefernsehen – ansonsten blind und taub für alles. Mary Alice griff nach der Flasche mit dem Salmiakgeist und goß Janies Becher bis zu Birdies grünem Flugzeug voll. Dann nahm sie all ihren Mut zusammen und setzte ihrem Gast den Becher an den Mund. Er trank ihn begierig leer. Seine goldfarbenen Augen ließen sie nicht im Zweifel darüber, wie dankbar er ihr war. Seine Pupillen waren… rhombenförmig, stellte sie fest.

Die Wirkung des Salmiakgeists ließ nicht lange auf sich warten. Kaum hatte das Männchen den Becher geleert, richtete es sich auf und atmete gleichmäßiger. Ein paar Minuten ruhte es sich wortlos aus, wollte wohl erst wieder richtig zu Kräften kommen. Nach dem zweiten Becher Meister Proper schraubte es die Flasche wieder zu. Mary Alice hatte die andere Zweiliterflasche auf dem Boden abgestellt. Nun schob sie sie dem Männchen zaghaft mit dem Fuß hin. »Haben Sie nicht was von Stase oder so verlauten lassen?« brachte sie ihr Anliegen wieder in Erinnerung.

»Biostase«, verbesserte sie der Besucher. »Ja. Wende immer zum Reisen an. Ganz leicht. Wollen Fernbedienung?«

»Äh ... das wäre vielleicht ganz praktisch.«

»Gut, ich machen.« Der Fremdling kniete sich auf den Boden, klappte seinen Koffer auf und stöberte darin herum. Zwischendurch hielt er kurz inne, griff nach der zweiten Flasche Salmiakgeist, schraubte den Deckel ganz fest zu und stellte sie in seinen Koffer. Sie schrumpfte von allen Seiten zugleich. Als sie beinahe die Ausmaße einer Stecknadel angenommen hatte, klemmte der Kleine sie in eine Halterung mit einer Reihe anderer winziger, seltsam geformter Gegenstände. Tief befriedigt atmete das Männchen auf.

»Wie viele du wollen ruhigstellen?« erkundigte es sich. »Rufen Kinder rein, ich machen.«

»Da wären Teddy, Janie und Bryan.« Zufällig fiel der Blick der Mutter auf die Katze, die wohlig ausgestreckt in einem Sonnenfleck auf dem Küchentisch lag und schlief. Ihr Schwanz ruhte in den klebrigen Überresten von Ahornsirup und matschigen Bananenstücken auf einem der Frühstücksteller. Daß Teddy sich aber auch immer solche Unmengen von Sirup auf den Teller goß! In der Mutter stiegen leichte Skrupel auf bei dem Gedanken, ihren Erstgeborenen einer Prozedur mit so ungewissem Ausgang auszusetzen.

»Behandeln Sie auch Katzen?« fragte sie.

»Mache alles«, behauptete das Männchen ausgelassen.

»Gut, dann fangen wir doch erst einmal mit dieser Katze an«, schlug Mary Alice vor und wies auf die Katze auf dem Küchentisch.

Sie legte dem Fremden die Katze auf den Schoß. Die schmollte, weil sie aus dem Schlaf gerissen worden war. Das Männchen streichelte die Katze und hielt ihr dabei ein merkwürdiges Gerät über den Nacken, das aussah wie ein Feuerzeug. Ein blauer Lichtstrahl, undurchlässig und transparent zugleich, drang in das dichte schwarze Fell der Katze ein und verlor sich darin.

»So, jetzt aufpassen.« Der Fremde reichte ihr das Gerät. »Hier drücken.«

Die Katze sprang dem kleinen Mann vom Schoß und dehnte sich mißgelaunt. Da drückte Mary Alice auf den Knopf. Die Katze erstarrte in Sekundenschnelle, wie vom Blitz getroffen, fiel um und rührte sich nicht mehr.

»Phantastisch!« Mary Alice konnte es kaum fassen. »Und wie erweckt man sie wieder zum Leben?«

»Hier drücken.«

Entrüstet sprang die Katze auf und entfleuchte mit gesträubtem Fell.

»Ich locke die anderen auch noch her«, sagte Mary Alice hocherfreut. Beim leisen Surren des elektrischen Dosenöffners kamen beide Katzen wie auf Kommando angesprungen. Sie wurden augenblicklich ruhiggestellt. Sicherheitshalber übte Mary Alice noch ein paar Minuten, die Katzen ein- und auszuschalten.

»Wie lange funktioniert denn dieses Ding?« wollte sie von dem Männchen wissen. »Ich meine, irgendwann müssen die Batterien doch aufgebraucht sein oder so was.«

»Hält nicht ewig«, gab das Kerlchen unumwunden zu. »Verbraucht viel Strom. Batterien reichen nur – in eurer Zeit...« Das Männchen rechnete akribisch nach und bewegte dabei die Lippen. »Ganz genau einhundertundzehn Jahre.«

»Das reicht massenhaft«, versicherte ihm Mary Alice. Sie steuerte auf das Wohnzimmer zu. »Ach, Teddy...«

Sie plazierte alle ihre Kinder nebeneinander auf der Couch – wie die chinesischen Affen, eins, zwei, drei. Die Katzen setzte sie wie Buchstützen rechts und links daneben. Zu guter Letzt stellte sie den Fernseher ab. Stille, herrliche, wohltuende Stille breitete sich aus. Nichts war zu hören als das Tropfen des selbsttätig abtauenden Kühlschranks.

»Müssen Sie denn wirklich schon wieder gehen?« wandte sich Mary Alice an den kleinen Mann. »Sie sind doch gerade erst gekommen. Möchten Sie sich nicht noch ein bißchen ausruhen?«

Das Männchen zuckte bedauernd die Achseln. »Muß gehen.«

»Aber mein Mann ist noch nicht da. Er muß jeden Augenblick kommen. Warten Sie doch bitte noch ein paar Minuten.«

Mit einem Ausdruck des Bedauerns schüttelte der kleine Mann den Kopf. »Muß weiter.«

»Warten Sie!« Mary Alice war etwas eingefallen. Es war zumindest einen Versuch wert. »Einen Moment ...« Wieder hastete sie in den Keller und war gleich wieder oben – mit einer Plastikflasche mit einem mehrfarbigen Etikett. »Haben Sie dafür Verwendung?« Ganz voll war die Flasche leider nicht mehr, aber immerhin ...

Der kleine Mann schraubte den Deckel ab und schnupperte. »Aah!« schnaufte er freudig erregt. »Hatschi!«

Die Flasche mit dem Klorix wie ein Hinterwäldler haltend, trank der Kleine einen Schluck. »Gut!« grinste er beseligt und rülpste laut. ›Kein Wunder‹, dachte Mary Alice. Sie mußte daran denken, was passiert war, als sie Salmiakgeist mit Klorix gemischt und in die Toilette geschüttet hatte, um sie gleichzeitig zu reinigen und zu desinfizieren. »*Gute* Frau! Vielleicht ich können noch paar Minuten bleiben ...«

Sie warteten. Wann immer ein Wagen vorbeifuhr oder irgendwo in der Gegend eine Wagentür zugeschlagen wurde, sprang Mary Alice wie elektrisiert auf. Nach ein paar Minuten geriet sie jedoch ins Grübeln.

»Wissen Sie«, überlegte sie laut »meinen Mann braucht man genaugenommen gar nicht ruhigzustellen.«

»Dann ich gehen«, sagte der kleine Mann.

»Nein, warten Sie! Ich meine eher – haben Sie in Ihrer

Trickkiste auch irgendwas, womit man jemanden auf Touren bringen kann?«

Nachdenklich kratzte sich der kleine Mann am Kopf. Nachdem er sich noch einen kräftigen Schluck Klorix genehmigt hatte, meinte er: »Sein gut zielgerichtetes Stimulans.«

»Was ist das denn? Nie gehört.«

»Wir nehmen anstelle von giftigen koffeinhaltigen Getränken. Zum Arbeiten.«

»Aha, zum Arbeiten. Klingt gut«, freute sich Mary Alice. »Kann ich die Vierliterflasche Klorix dagegen eintauschen?« fragte sie den kleinen Mann.

Voller Hochachtung betrachtete er die Flasche, dann meinte er mit einem breiten Grinsen: »Liebe Frau, wir einig.«

Mary Alice setzte sich wieder und hoffte inständig auf einen Stromausfall in der Videopassage. Schließlich hörte sie tatsächlich das wohlbekannte Motorengeräusch in der Auffahrt. Autoreifen knirschten auf dem Kies, und Bremsen quietschten.

Teddy senior kam in die Küche. »Besuch?« fragte er verwundert.

»Tag, Schatz. Herr ... hm, Herr Lazarus ist Zeuge Jehovas. Du kannst dir gar nicht vorstellen, wie angeregt wir uns unterhalten haben.«

»Dann will ich nicht weiter stören«, meinte Teddy senior mit starrem Blick. Er drehte den Wasserhahn auf und suchte im Schrank nach einem Trinkgefäß. Es blieb ihm nichts anderes übrig, als aus einem Sektglas Wasser zu trinken. Währenddessen nahm das kleine Männchen von seinem Stuhl aus den Nacken des Ehemannes ins Visier. Ein rotglühender Lichtstrahl schoß mit dem hohen Summton einer Stechmücke durch die Luft und drang in den Nacken von Teddy senior ein.

»Soll ich dir was zu essen machen, Schatz? Du hast ja nicht gefrühstückt.«

»Bloß nicht! Ich war mit Harold bei McDonald's. Da

habe ich zwei Big Macs mit Fritten verputzt und alles mit einem Milchshake runtergespült. Damit halte ich schon bis zum Mittagessen durch...« Er gähnte. »Halt die Kinder ruhig, ja? Ich lege mich ein bißchen hin, und...«

Genau in diesem Augenblick drückte Mary Alice auf den Knopf. Ihr Mann riß die Augen auf. »Ich mach die Dachrinne mal sauber. Hätte ich im Herbst schon machen sollen. So was schiebt man am besten gar nicht erst auf die lange Bank...« Energiegeladen stürmte er aus der Küche, um die Leiter aus der Garage zu holen.

Der kleine Mann schulterte die große Flasche mit dem Bleichmittel, verbeugte sich und ging.

»Schauen Sie doch wieder mal herein, wenn Sie in der Gegend sind!« rief ihm Mary Alice nach. »Wenn Sie mir rechtzeitig Bescheid geben, horte ich Salmiakgeist und Bleichmittel für Sie. Also, dann bis zum nächsten Mal!«

Mit einem Seufzer der Erleichterung kehrte sie ins Haus zurück. Wenn auch viel Arbeit auf sie wartete, würde ihr dabei zumindest vorerst niemand in die Quere kommen und viermal so schnell wieder Unordnung schaffen, wie sie Ordnung schaffen konnte. Natürlich konnte man die Kinder nicht ständig abstellen und ausgeschaltet lassen. Wenn sie sie zu oft ruhigstellte, hätte sie womöglich in dreißig Jahren noch ein Vorschulkind im Haus, wenn sie den Rentenantrag stellte. Aber das würde sich alles finden, sie hatte es nicht eilig. Zuerst wollte sie die Küche wieder auf Vordermann bringen und sich dann dort über das Parterre hermachen, wo es noch chaotisch aussah. Dann wollte sie eine kleine Pause einlegen, sich ein Glas Eistee gönnen und sich vielleicht sogar eine Platte anhören. Aber nicht etwa die schrillen Piepsstimmen dieser nervtötenden Streifenhörnchen oder Schlümpfe, sondern eine ihrer eigenen Platten – vielleicht ›Play Bach‹ mit Jacques Loussier. Der Fernseher würde natürlich ausgeschaltet bleiben. Von Totenstille konnte aber trotzdem keine Rede sein, denn im Sommer waren die Fenster weit geöffnet, und von der Dachrinne her drangen leise Kratz- und Schabgeräusche an ihr Ohr, die Mary Alice als sehr angenehm empfand. Sie machte sich daran, die Scherben in der Küche aufzukehren und sann darüber nach, wie sie den Tag gestalten sollte, der von nun an *ihr* gehörte.

Frances Garfield

# Ein Abend zu Hause

Die Sonne war untergegangen, und wieder einmal setzte die Dämmerung ein. Der Himmel nahm im Westen einen rosigen Schimmer an, aber die sanfte Farbe drang nicht bis in das hohe Schlafgemach.

Claudia beugte sich näher zum Spiegel. Ihre wilden, schwarzen Locken verschleierten ihr Gesicht, als sie sie wieder und wieder bürstete. Es war eine lustvolle, sinnliche Beschäftigung. Ihr Haar glänzte im Schein der Öllampe.

Auf der anderen Seite des Zimmers saß Garland. Sie kämmte ihr kurzes, blondes Haar schnell zu einer elfenhaften Lockenfrisur. »Gott sei Dank muß ich mir keine Gedanken wegen meiner Lockenpracht machen, so wie du«, bemerkte sie.

»Stimmt«, erwiderte Claudia lachend. »Aber wir wissen doch beide, wie beeindruckend sie ist.«

Sie trugen großzügig Make-up auf. Claudia rahmte ihre silbergrauen Augen mit dunkelblauer Mascara, während Garland ihre hellen Brauen braun nachzeichnete. Beide malten sich die Lippen rosarot an und preßten sie dann fest zusammen, um den Lippenstift zu verteilen.

Sie kleideten sich fertig an und gingen dann die knarrende Treppe hinab in den großen Salon. Langsam, aber sicher breitete sich Dunkelheit aus. Sie nahmen Krüge mit Öl und gingen umher, füllten die alten Lampen mit den Glasschirmen und zündeten sie an. Lichtschein flackerte gelb vom Tisch und den Regalen und schimmerte auf den Holzdielen des Bodens. Claudia war sehr stolz darauf und verbrachte Stunden damit, auf den Knien zu liegen und sie zu schrubben. Garland stellte eine Schale mit bunten Zierkürbissen auf den Mahagonitisch, der hinter dem Brokatsofa stand. Sie steckte zwei Duftkerzen in Leuchter und zündete sie an.

Dann standen sie nebeneinander und bewunderten die Wirkung des sanften Lichts, Claudia in rotem Satin und Garland in dunklem, leuchtendem Blau. Sie musterten sich gegenseitig, suchten nach Fehlern, fanden aber keine.

»Ich würde gern ein wenig draußen spazierengehen, so wie früher«, sagte Garland. Sie warf einen Blick auf ihre Schuhe mit den hohen Absätzen. Sie waren nicht zu hoch. »Ich bleibe nicht lange.«

»Da draußen gibt es nicht mehr viel zu sehen«, sagte Claudia. »Hierher kommen nicht mehr viele Leute. Es ist schon lange her, daß wir Gäste hatten.«

»Vielleicht bin ich einfach nur sentimental«, meinte Garland lächelnd. Sie zwinkerte mit den Augen, wie in heimlicher Freude. »Aber vielleicht bringe ich jemanden mit.«

»Ich bleibe hier, für den Fall, daß jemand vorbeikommt«, beruhigte Claudia sie.

Die große, hölzerne Haustür fiel knarrend hinter Garland ins Schloß. Sie überquerte den Innenhof mit den grauen Steinplatten und stieg dann die Stufen zu dem gepflasterten Pfad hinab. Immergrün überwucherte alles, verhakte seine Wurzeln überall. Efeu und Geißblatt erstickten die Bäume, Herbstblätter rieselten von den Eichen herab. Am Rand des Rasens ragte müde ein alter, abgestorbener Hartriegel empor. Vorsichtig bahnte sich Garland ihren Weg.

In der Ferne kreischte eine Eule. Garland lächelte vor sich hin. Sie hatte sich an diesem warmen Abend keinen Schal umgelegt, schmiegte sich aber jetzt in den weichen Kragen ihres Seidenkleids, um ihn auf der Haut zu spüren. Tief atmete sie die Nachtluft ein.

Die fallenden Blätter flüsterten wie Regentropfen. Aber am Himmel hingen nur vereinzelte Wölkchen. Eine schmale Mondsichel beschien den alten Bürgersteig, die alten Häuser an der Straße. Es waren große, vornehme

Häuser, von der Art, die man als viktorianisch bezeichnet. Sie waren heruntergekommen. Aus den Fenstern fiel kein Licht. Es schien, als sei Garland das einzige lebende Wesen in der Gegend. Früher einmal war das hier ein eleganter Bezirk am Rande der alten Stadt gewesen, die sich hauptsächlich um das Ellerby College gebildet hatte. Aber die Leute waren fortgezogen. Verfall hatte eingesetzt. Großstädtische Neubauten bedrohten die Gegend.

Ganz plötzlich hörte Garland etwas – gedämpfte, verstohlene Stimmen. Sie sah zwei große junge Männer auf sich zukommen. Im Mondlicht betrachtete sie sie. Sie sahen gut aus, hatten sich in Schale geworfen und wirkten wie zwei muskulöse junge Sportler. Sie hatte seit geraumer Zeit nichts Vergleichbares mehr gesehen, und sie fühlte, wie Wärme ihren Körper durchflutete.

Sie waren jetzt so nahe, daß sie verstehen konnte, was sie sagten.

»Mein Onkel Whit ist immer hierher gekommen, als er noch auf dem College war«, erzählte eine junge Stimme. »Er hat gesagt, sie hätten das hier Pink Hill genannt. Da hätte man sich prächtig amüsieren können.«

Jetzt ging sie an ihnen vorbei und drehte sich dann sofort um, um zu ihrem Haus zurückzukehren. Sie beschleunigte ihre Schritte. Einen Augenblick lang wußte sie nicht, ob sie glücklich oder traurig sein sollte. Wenn sie nur nicht ihren Zauber verloren hatte – aber sie spürte ihren Körper, fest und verführerisch. Als sie wieder an ihnen vorbeiging, begrüßte sie sie.

»Hey.«

Der eine, groß und mit sauber gestutztem, dunklem Bart, antwortete schüchtern: »Schöner Abend, nicht wahr?«

Garland lächelte. Hätte sie Grübchen gehabt, so hätte sie sie jetzt gezeigt. »Ja, aber die Luft ist schon kühl. Ich gehe wohl besser heim. Vielleicht mache ich ein wenig heiße Schokolade – oder Tee.«

Sie ging davon, vor ihnen her. Gekonnt wiegte sie sich

in den Hüften, sie ging langsam genug, um die Männer nicht zu verlieren.

Sie schienen ihr tatsächlich zu folgen. Gut. Der Bärtige sagte etwas, und Garland spitzte die Ohren.

»Schließlich haben wir doch irgendwie Erfahrung sammeln wollen«, sagte er gerade.

Der andere, der Blonde, Sportliche, sprach so leise, daß Garland ihn nicht verstehen konnte. Aber es klang wie Zustimmung.

Sie ging weiter, achtete sorgfältig darauf, wohin sie die Füße auf dem gefährlichen Pflaster setzte. In dem alten Zement gab es so viele Risse. Die beiden Jungen gingen hinter ihr her. Wieder spürte sie diese innere Wärme. Sie fühlte sich fast wieder jung, so jung, wie sie aussehen mußte. Sorgfältig setzte sie ihren Hüftschwung ein. Da war das Haus. Sie trippelte glücklich über den Vorhof, die Treppe hinauf und durch die Tür.

»Wir bekommen Besuch, Claudia«, verkündete sie.

Claudia ließ einen begutachtenden Blick durch den Raum schweifen und lächelte kühl. »Erzähl«, sagte sie schnell.

»Zwei wirklich reizende junge Männer folgen mir. Einer mit blondem Haar und dem Körper eines Football-Spielers. Der andere groß, bärtig, adrett, wirkt weltmännisch. Wie müssen sie verwöhnen.«

»Nun, ich habe eine Flasche Port und ein bißchen von dem Käsegebäck, das ich gemacht habe.« Claudia musterte den Tisch im Lampenlicht. »Das wird schon klappen.«

Draußen hörten sie Schritte auf der Veranda, zögerndes Flüstern.

»Sie sind süß«, erklärte Garland.

Einen Augenblick herrschte Stille. Dann ein rhythmisches Pochen gegen die Tür. Der gute alte Onkel Whit hatte den beiden wohl dieses Klopfzeichen beigebracht, vermutete Garland.

»Okay, dann wollen wir mal«, sagte Claudia und warf

Garland einen triumphierenden Blick zu. »Denk an deine guten Manieren in Gesellschaft.«

Sie glitt zur Tür. Ihr rotes Kleid schmiegte sich um ihre üppigen Hüften und die schlanke Taille. Das Kleid war lang. Es raschelte über den Boden und betonte sämtliche Formen und Kurven ihres wohlgenutzten Körpers. Sie konnte stolz darauf sein, wie sie aussah und sich bewegte. Sie schnitt in jeder Beziehung magna cum laude ab.

Sie öffnete die Tür, und das Lampenlicht fiel auf die beiden jungen Männer.

Garland hatte sie genau beschrieben. Sie trugen gutsitzende Anzüge mit offenen Hemden. Der größere hatte einen kurzgestutzten Bart, war dunkel und schlank. Vielversprechend und intelligent. Der andere war mittelgroß, aber breitschultrig und wirkte sehr muskulös. Zweifellos Studenten am Ellerby College. Hatten beide gute Aussichten.

»Guten Abend, meine Herren.« Claudia schenkte ihnen ihr freundlichstes, einladendstes Lächeln.

»Guten Abend, Ma'am«, antwortete der Dunkle, als wäre er der Sprecher. Der ist wohl für Garland, dachte Claudia. Für mich der andere, der Untersetzte.

»Äh«, fing der Große an, »äh, wir dachten –« Er brach verlegen ab.

»Wir dachten, wir machen mal einen Spaziergang in diese Richtung«, meldete sich der andere. »Ich heiße Guy, und das ist Larry. Wir – wir sind Studenten.«

»Im ersten Semester«, fügte Larry hinzu. »Wir sind am Ellerby.«

»Verstehe«, beruhigte Claudia sie. »Aber wollen Sie nicht hereinkommen?«

»Gern, Ma'am«, sagte Guy dankbar. Sie traten zusammen ein und blieben Seite an Seite stehen. Ihr Lächeln war schüchtern. Claudia schloß die Tür hinter ihnen.

Höflich und neugierig musterte Larry den Salon. »Ein tolles Zimmer«, lobte er. »Wundervoll. So – so nostalgisch.«

»Danke.« Garland lächelte ihm zu. »Kommen Sie, setzen Sie sich hierher und schauen Sie, ob das Sofa nicht wie für Sie geschaffen ist.«

Er zögerte, aber nur für einen Moment. Dann ging er auf das Sofa zu. Er trug hübsche, glänzende Stiefel. Er und Garland setzten sich zusammen, und Claudia hielt Guy die Hand hin.

»Sie sehen aus wie jemand, den ich früher einmal gekannt habe«, sagte sie und warf ihm aus ihren schrägen, silbrigen Augen einen Blick zu. »Er hat Football gespielt. Kam häufig zu Besuch hierher.«

»Vielleicht sehen sich alle Football-Spieler ähnlich.« Guy erwiderte ihr Lächeln. »Ich bin nach Ellerby gekommen, um als Tight-end zu spielen, wenn ich das schaffe.«

Als sie neben Larry auf dem Sofa saß, drehte Garland voll auf. Als hätte sie auf einen Knopf gedrückt, um ihre Persönlichkeit anzuknipsen.

»Möchten Sie ein Glas Portwein?« fragte sie. »Er ist sehr gut.«

»Lassen Sie mich das tun.« Er nahm die Flasche und schenkte ein. Seine Hand zitterte, aber nur ganz leicht. »Hier.« Damit hielt er ihr das Glas hin.

»Nein, der ist für Sie«, sagte sie. »Ich warte bis nachher.«

Larry nippte. »Köstlich.«

»Ja, für unsere Freunde immer nur das Beste.«

»Das wissen wir zu schätzen, Ma'am«, sagte er und nippte erneut.

»Sie dürfen mich Garland nennen.«

Claudia hatte Guy in einen dick gepolsterten Sessel gedrückt und sich selbst auf der Armlehne niedergelassen. Sie flüsterten und kicherten miteinander.

»Sie machen auf mich den Eindruck, als wären Sie ganz schön herumgekommen, Larry«, sagte Garland.

»Vielleicht täuscht mein Aussehen«, sagte er und sah sie mit seinen braunen Augen unverwandt an. »Ich – ich bin noch nie in einem solchen Haus gewesen.«

Garland rückte näher zu ihm. »Erzählen Sie mir ein wenig von sich.«

»Ach, ich studiere im ersten Semester am Ellerby College. Nichts Aufregendes.«

»Das stimmt doch nicht!« Sie kam noch näher. »Das Leben auf dem Campus muß doch aufregend sein. Kommen Sie, erzählen Sie mir mehr.«

Sie legte eine Hand auf seine. Er hielt sie mit warmem Griff gefangen.

»Nun, das erste Jahr am College ist hart.« Er schien Schwierigkeiten mit dem Sprechen zu haben. »Es gibt zwar keine Schikane mehr, nicht direkt jedenfalls, aber man muß eine Menge aushalten, um weiterzukommen.«

Sie legte seinen jungen Arm um ihre Schulter und fing an, die Finger seiner Hand mit zarten, kleinen Klapsen abzuzählen. Auf der anderen Seite des Zimmers saß Claudia auf Guys Schoß und zupfte an seinem Ohr. Sie schienen sich gut zu verstehen.

»Das ist wirklich ein tolles Haus«, sagte Larry langsam. »Es ist –« Er schluckte. »Es ist schön«, sagte er.

Und jetzt kommt's, dachte Garland, irgend etwas darüber, daß sie doch ein viel zu nettes Mädchen für dieses schmutzige Geschäft wäre. Zu ihrer Erleichterung sagte er nichts dergleichen. Wieder mußte sie die Initiative ergreifen. Sie zog seine Hand auf ihre weiche Brust und hielt sie dort fest.

»Gefällt dir das?« hauchte sie.

Er mußte wissen, was kommen würde, aber er ertrank in einer Flut widersprüchlicher Gefühle. Onkel Whit hatte ihm nicht annähernd genug beigebracht. Er sandte einen kläglichen Blick durch das schummrig beleuchtete Zimmer. Sein Bart schien traurig herunterzuhängen.

»Also, Larry«, sagte Garland. »Komm mit.«

Sie stand auf und zerrte an seiner Hand, damit er auf die Füße kam. Er lächelte. Natürlich, sie mußte ihn von Claudia und Guy fortbringen, die da so gemütlich miteinander im Sessel hockten. Sie nahm eine Lampe und führte ihn in den Korridor.

»Wow«, machte er. »Diese Treppe. Wendeltreppe. Sieht aus wie aus einem alten Film.«

»Tatsächlich?«

Die Treppe wand sich nach oben, hinauf in die Dunkelheit. Garland nahm ihn sanft an der Hand, und er schien froh darüber. Sie führte ihn an den zerrissenen Stellen im Teppich vorüber, fort von dem wackligen Teil des Geländers, hinauf in den oberen Korridor. Sie hielt die Lampe hoch. In ihrem Licht sah man die verblichenen Rosen auf dem Teppich.

»Hier«, erklärte sie, »das ist mein Zimmer.«

Sie stieß die schwere Tür nach innen auf. Gemeinsam traten sie über die Schwelle. Sie stellte die Lampe auf einen Tisch neben dem Erkerfenster.

»Oh, Garland, das ist ja toll«, murmelte er. »Das alte Himmelbett, die Bank – die müssen eine Menge wert sein. Sie sind alt.«

»Älter als ich.« Sie lächelte ihm zu.

»Du bist nicht alt, Garland. Du bist wunderschön.«

»Genau wie du«, erwiderte sie wahrheitsgemäß.

Sie setzten sich aufs Bett. Die Tagesdecke war aus dunkelblauem Samt, mit mattgoldenen Troddeln. Larry schien überwältigt.

»Ich kann dir gar nicht sagen, wie schön das alles ist«, stammelte er.

»Dann versuch es gar nicht erst. Streck dich aus. Genau so. Und jetzt entspann dich.«

Er sank zurück. Sie öffnete seinen Hemdkragen weiter. »Was für einen schönen Hals du hast.«

»Ach, nein, den hat Guy. Mit all seinen Übungen und den Gewichten, die er hebt.«

»Claudia soll sich um Guy kümmern. Du bist hier bei mir.«

Vor der Tür ein leises Rascheln. Garland kümmerte sich nicht darum. Larry war jetzt ruhig, hatte die Augen geschlossen. Garland beugte sich über ihn. Ihre zarten Finger massierten seine Schläfen, seinen Nacken. Er atmete gleichmäßig, wie im Schlaf. Garland beugte sich näher zu ihm, die Hände an seinem Hals. Ihre Finger krümmten sich, die Spitzen drückten zu.

Das Lampenlicht glänzte auf ihren roten Lippen. Sie öffneten sich. Die Zähne waren zu sehen, lang und scharf. Garland summte leise. Das Summen brach ab. Ihr Mund öffnete sich an seinem Hals.

Draußen ertönten Stimmen, schwach, nicht menschlich.

Garland erhob sich hastig und ging zur Tür. Sie öffnete sie einen Spalt breit.

Da draußen hingen schattenhafte Gestalten, hager und zerlumpt. »Könnt ihr nicht warten?« flüsterte sie wütend.

»Laß mich rein«, sagte einer von ihnen. Die Augen leuchteten bleich. »Laß mich rein«, sagte ein anderer. »Hunger, Hunger –«

»Könnt ihr nicht warten?« fragte Garland wieder. »Wenn ich fertig bin, könnt ihr ihn haben. Das, was von ihm übrig ist.«

Sie schloß die Tür vor ihrem Flehen und eilte zurück zu Larry, der auf dem Bett lag, reglos, träumend, bereit.

KATHRYN PTACEK
# Die roten Augen

Die Tür des Überlandbusses schlug zu, der Fahrer blickte nach links auf den Verkehr, dann spuckte der Bus eine erstickende Wolke aus Abgas und Dunst aus und brauste davon. Sie hängte sich ihren Seesack über die Schulter und starrte den Port Boulevard entlang.

Vor zehn Jahren ... es war zehn Jahre her, daß sie Greystone Bay verlassen hatte, und die Hauptstraße, die Stadt, nichts schien sich sehr verändert zu haben. Alles war genauso grau, genauso stumpfsinnig wie früher. Die späte Nachmittagssonne überzog die zweistöckigen Holz- und Steingebäude mit einem schwachen Goldton, der ihnen einen fast magischen Anstrich verlieh. Fast, dachte sie, denn diese Stadt besaß nichts Magisches, nichts Besonderes. Es war einfach der Ort, an dem sie geboren wurde, aufgewachsen war, es ausgehalten hatte, bis sie alt genug gewesen war, um zu entkommen.

Und doch ...

Sie zuckte mit den Achseln, fühlte das beruhigende Gewicht ihrer Tasche und ging los. Die Bushaltestelle befand sich vor dem Gebäude der Kriegsveteranen. Am Himmel zogen graue und weiße Möwen schreiend ihre Kreise und streiften ab und zu die Telefonmasten, die matt im diffusen Sonnenlicht schimmerten.

Sie wußte nicht, warum sie hier war. Sie hätte nicht zurückkommen sollen. Nicht jetzt, nach so langer Zeit. Aber da waren die Träume, die die schreckliche Erinnerung wiederbrachten, und Ende letzter Woche war ihr klargeworden, daß sie nach Greystone Bay zurückkehren würde.

Sie kam an ein paar leerstehenden Läden vorbei, die mit Brettern vernagelt waren, aber die meisten Geschäfte in der Innenstadt waren erfolgreich und hatten sich, soweit sie sich erinnern konnte, nicht sehr verändert. An der Ecke Atwood und Mayfield blieb sie vor Krueller's Drugstore stehen, dessen Schaufenster mit handgemalten Postern übersät war, die Reduzierungen und Sonderangebote in rauhen Mengen anpriesen. Während sie die Auslage studierte, schob sie eine Haarsträhne hinter das Ohr zurück. Einst war ihr glattes, mitternachtschwarzes Haar bis zu ihrer Taille herabgefallen. Nie wieder würde es so lang sein.

Sie öffnete die Glastür. Der Laden roch nach Parfüm, Desinfektionsmittel und Schokolade, und als sie sich umschaute, fühlte sie, wie die Jahre zurückwichen. Vor zehn Jahren war im hinteren Teil des Ladens eine kleine Snackbar gewesen. Im Grunde bestand sie nur aus zwei Tischen und einer schmalen Theke, an der vier Personen auf spindelbeinigen Barhockern sitzen konnten. Thunfischsandwiches und Käsebrötchen, Milchshakes und fünf verschiedene Brausegetränke waren alles, was die Speisekarte zu bieten hatte, aber es genügte. Damals war die Snackbar bei ihrer Clique sehr beliebt gewesen.

Sie verzog ihre Lippen zu einem grimassenhaften Lächeln. Ihre Clique, wem machte sie etwas vor? Sie hatte niemals zu einer Clique gehört, damals sowenig wie heute. Trotzdem waren sie nach der Schule zusammen hierhergekommen, zu sechst oder noch mehr; sie hatten sich alle an einen Tisch gezwängt, sich unterhalten, ihre Käsesandwiches gegessen und ihre Kirsch- und Schokoladenbrause getrunken. Auch sie hatte auf einem der Barhocker gesessen, ohne wirklich dazuzugehören, und hatte zugeschaut, ohne etwas zu sagen, es sei denn, sie wurde von jemandem angesprochen.

Nun war die Snackbar verschwunden, ersetzt durch eine erweiterte Drogerieabteilung und einen Spielautomaten, der vor sich hin summte und piepte. Sie schaute sich um, sie bemerkte, daß der Inhaber verwirrt schien und zur Tür blickte. Sie ging, ohne etwas zu kaufen.

Eine Straßenecke weiter war die alte Schule. Sie schaute

sich kurz nach dem häßlichen Steingebäude um, dessen wenige Fenster im Licht grau erschienen, und ihr schauderte.

Sie konnte dort nicht hingehen, noch nicht.

Sie ging weiter, durch leere Straßen. Nur wenige Einwohner waren zu sehen. Es war für die Jahreszeit schon ziemlich kalt, und ein feuchter Nebel, der von Osten über die Bucht hereinkam, legte sich über die Stadt.

Sie fror, obwohl sie eine Daunenjacke trug, und massierte ihre linke Hand. Sie tat wieder weh, ein dumpfes Pochen, das sich über ihren Arm ausbreitete; ihre Hand tat immer weh, wenn es kalt war, egal was sie machte, und sie vergrub sie jetzt tief in die Jackentasche, in der Hoffnung, der Schmerz würde nachlassen. Sie ging ostwärts in Richtung Harbor Road, die der Biegung der Bucht folgte, aber sie wußte, auch die Bucht konnte warten. Heute abend war nicht der richtige Zeitpunkt. Sie durchquerte die Wohngegend in Richtung Süden, und mit jedem Schritt kamen die Erinnerungen zurück, die sie für immer begraben geglaubt hatte.

Das eine Mal, daß sie zum Tanzen eingeladen worden war...

Als Ken Adams sie hinter Krueller's in eine Ecke gedrängt und geküßt hatte und sie versucht hatte, seine unwillkommene Umarmung abzuwehren.

Die anderen, die herumstanden und grinsten; wie sie Kens Gesicht mit ihren Nägeln zerkratzt hatte; sein Gebrüll und sein gehässiger Tonfall, als er sagte, er würde es ihr heimzahlen.

In der Grundschule hatten die Kinder sie eine Rothaut genannt. Sie verbesserte sie geduldig, sagte ihnen immer wieder, sie sei Indianerin, keine Rothaut, und ganz genau genommen eine Seneca, obwohl sie wußte, daß sich viele verschiedene Stämme in ihren Adern mischten. Ehrliche Rothaut, erwiderten sie in gestellter Unschuld mit weitaufgerissenen Augen und rannten kichernd davon.

Großmutter hatte ihr gesagt, daß es nicht einfach werden würde, die einzige Indianerin an der Schule zu sein, und sie hatte recht gehabt. Den meisten Kindern war es zwar egal, aber einige waren ihr gegenüber feindselig eingestellt, wie ihre Eltern, weil sie und ihre Familie anders waren, und so durchlief sie die Schule, ohne mehr als die Namen ihrer Klassenkameraden zu kennen.

In der High-School wurde aus dem schüchternen, linkischen Mädchen mit den riesigen Augen eine schüchterne, schlanke junge Frau. Sie wußte, daß sie hübsch war. Ihr Spiegel sagte es ihr. Ihre Großmutter sagte es ihr. Die Blicke der Jungs in der Schule sagten es ihr, und sie hatte Angst. Sie hatte Angst, weil sie nicht wußte, was sie dagegen tun sollte. Sie hatte Angst vor den Blicken der Jungs, vor allem vor denen Eds und der Adams-Cousins, den drei Jungs, die sie am meisten in der Schule mochte.

Sie sah auf und sah, daß sie bereits am South Hill angelangt war. Dahinter lag der Wald, wo ihre Großmutter lebte, wo sie aufgewachsen war. Eine Nebelbank, weiß gegen das Grau des Tages, trieb auf die Bäume zu und umschlang mit ausgefransten Armen die Baumstämme. Die Feuchtigkeit klebte ihr die Haarspitzen auf die Stirn; sie rieb sich über die Wange und merkte, daß sie ebenfalls naß war, ob vom Nebel oder von Tränen, konnte sie nicht sagen. Sie folgte dem überwachsenen Pfad durch den dichten Wald, vorbei an knorrigen Ahornbäumen, Eichen und Eschen, deren herabhängende Äste die Blätter schon abgeworfen hatten. Das Laub knirschte unter ihren Füßen, und einmal hörte sie auch das Rascheln eines Eichhörnchens in den Büschen, deren lange Dornen sich um leuchtendrote Beeren krümmten.

Nur wenige Geräusche drangen von der Außenwelt herein; sie konnte nicht einmal die Sirenen der Schlepper in der Bucht hören. Selbst der Nebel kam nicht soweit herein, und als das Tageslicht schwächer wurde und der Wald dunkler, beschleunigte sie ihren Schritt. Ab und zu beugten sich die Bäume so weit über den Pfad, daß sie sich kaum durchzwängen konnte, und einmal reichte ein

Ast so tief herunter, daß er ihre Wange streifte. Ungeduldig schob sie ihn weg. Einen Moment lang dachte sie, sie sähe aus dem Augenwinkel etwas Rotes, aber als sie herumwirbelte, war da nichts. Der Weg war sehr viel länger und einsamer, als sie angenommen hatte, aber dann stand sie endlich auf der Lichtung, nicht mehr als drei Meter von der Hütte entfernt, die ihr Großvater, der nun schon zwanzig Jahre tot war, gebaut hatte. Sie sah keinen Rauch von dem Steinkamin aufsteigen, und ein Schauer lief ihr über den Rücken. Sie steckte die Hände tiefer in ihre Taschen.

Die Hütte sah so verlassen aus. Wo war ihre Großmutter?

Auf der Veranda, die aus breiten Holzbohlen bestand, klopfte sie an die Tür, und als niemand antwortete, drückte sie sie auf. Drinnen war der große Raum genauso, wie sie ihn in Erinnerung hatte: die handgearbeiteten Quilts lagen ordentlich gestapelt auf dem Bett, der gußeiserne große Topf und Kessel an Haken über dem alten Ofen mit Holzfeuerung, die Ahornschränke entlang jeder Wand, der Tisch und die Stühle in der Mitte, die Bilder, die sie als vielversprechende Kunststudentin gemalt hatte, sorgfältig gerahmt hingen sie an ihren Plätzen. Auf der einen Seite war das Bad, nicht größer als ein Wandschrank.

Sie rief, aber niemand antwortete.

Sogar der Geruch war derselbe: Kampfer von den aufeinandergestapelten Decken, Kiefer von den Scheiten, die in dem Holzkorb am Kamin lagen, und der feine Geruch der Kräuter, die von der alten Frau angepflanzt und getrocknet worden waren. Hinten in der Hütte, neben dem rhombenförmigen Fenster, das den Blick auf den Garten hinter dem Haus freigab, führte eine Leiter zum Dachzimmer hinauf. Sie stieg rasch hinauf und schaute sich um.

In diesem schmalen Raum mit seinem geschwungenen Dach hatte sie geschlafen, ihre Hausaufgaben gemacht, ihre Bilder gemalt, ihre Träume geträumt. Der Kasten mit den Wasserfarben stand noch auf dem Tisch, die Pinsel lagen verstreut herum, geradeso wie sie sie verlassen hatte; ein Stückchen Kohle lag verschmiert auf einem Stück cremefarbenem Papier. Ihr Bett war frisch gemacht und wartete. Die große Spielzeugtruhe, die Bücherregale über dem Bett, der kleine Schrank neben der Leiter, der Teppich, den ihre Großmutter und sie an einem langen Winterabend gewebt hatten und sich dabei über ihre einst so große Familie unterhalten hatten, die nun auf zwei Frauen zusammengeschrumpft war.

Sie strich mit den Fingern über die selbstgezimmerten Bücherregale, spürte die Schichten sandigen Staubs, und schaute auf die vergilbten Taschenbücher. Sie blickte aus dem hinteren Fenster. Der Garten war von Unkraut überwuchert, die Wildheit des Waldes kroch auf ihn zu, und sonderbar, immer noch kein Zeichen von ihrer Großmutter.

Sie ließ den Seesack neben das Bett fallen, ohne sich die Mühe zu machen, ihn auszupacken. Sie war müde von der Reise, müde vom Gewicht der Erinnerungen. So müde.

Als sie sich auf dem Bett ausstreckte und die Augen schloß, war es nach sechs, und bald schlief sie tief und fest.

Sie träumte in dieser Nacht von rotbespritzten Wolken.

Am nächsten Morgen wachte sie sehr früh auf, das Bild ihrer Großmutter stand vor ihr, und sie wußte, warum sie sie nicht in der Hütte vorgefunden hatte. Die alte Frau lebte nicht mehr. Trauer und Reue erfüllten sie, sie hatte sie zehn Jahre lang nicht gesehen, hatte ihr nicht geschrieben, würde ihr niemals mehr schreiben.

Sie war auch wegen ihrer Großmutter zurückgekehrt, und jetzt fragte sie sich, ob sie bleiben sollte. Ja, sie hatte noch immer einige Dinge zu erledigen. Erschöpft schloß sie die Augen und versuchte vergebens, wieder einzuschlafen, und so stand sie nach einer Weile auf, zog ein Paar frische Jeans und ein T-Shirt an und ging nach draußen. Da sie nichts anderes zu tun hatte, ging sie zurück in die Stadt, und als sie die Straßen entlanglief, fühlte sie noch mehr Erinnerungen hochkommen, Erinnerungen, die sie fast überwältigten.

Edward Tanner. Er war ein einziges Mal mit ihr ausgegangen. Sein Vater, der bekannteste Arzt der Stadt, hatte ihm zum Geburtstag gerade ein Auto geschenkt, einen blau-weißen Thunderbird. Edward kam nach der letzten Unterrichtsstunde zu ihr und fragte sie, ob sie mit ihm ausgehen wolle; überrascht, aber insgeheim geschmeichelt, hatte sie genickt und war nach der Schule mit ihm gegangen, in ein Fischrestaurant an der Harbor Road, das Fenster vor ihrem Tisch rahmte den Hafen ein. Ihr Vater und sein Vater vor ihm hatten hier für einen mageren Lohn gefischt, aber das sagte sie Edward nicht.

Statt dessen hörte sie ihm zu, während er von seinem Auto erzählte, und von seinem Vater und dem Beruf seines Vaters, und daß auch er ein berühmter und reicher Arzt werden würde. Danach fuhren sie noch ein bißchen durch die Gegend, und er bog in einen abgelegenen Waldweg ein. Er drehte sich zu ihr um und drückte sie plötzlich gegen die Wagentür. Eine Hand war von ihrem Hals in ihre Bluse gewandert, die andere fuhr ihren Rock hoch. Sie trat ihm gegen die Brust, konnte die Tür öffnen und rannte durch den Wald zurück zur Hütte der Großmutter, die dort saß und auf sie wartete.

Am nächsten Tag hatten ihre Klassenkameraden kichernd auf sie gezeigt, als sie vorbeiging, und sie wußte, was Edward ihnen erzählt hatte. Sie war leicht zu haben. Und alle Jungs wollten es danach mit ihr treiben. Sie wäre beinahe abgegangen, aber ihre Großmutter bat sie, die Schule zu beenden, und der alten Frau zuliebe blieb sie.

Sie zitterte, überquerte die Straße, ging ins Büro der ›Gazette‹ und fragte nach den Todesanzeigen der letzten zehn Jahre. Sie waren auf Mikrofiche gespeichert, und so war die Aufgabe einfacher, als sie gedacht hatte. Der Absatz über Sarah Littles Tod war kurz, ein paar Sätze über die alte Frau, die nur eine Woche zuvor gestorben war.

Vor nur einer Woche. Beinahe hätte sie ihre Großmutter noch gesehen, beinahe.

Später ging sie in Richtung Krankenhaus. Es wurde jedes Jahr frisch gestrichen, es war klein und wurde aus privaten Mitteln finanziert, und alle Angestellten trugen Rosa und ein breites Lächeln, und doch konnte nichts den Geruch von Krankheit und Tod verbergen.

Sarah Little hatte in der Krankenstation im dritten Stock gelegen, der Station, auf der man alte Leute mit wenig Geld unterbrachte. Sie nahm den Aufzug am Ende der Eingangshalle, ging den Linoleumflur entlang, kam an Zimmern vorbei, in denen Leute stöhnten und leise riefen, und als sie die Westseite erreichte, blieb sie stehen. Sie schaute in das Zimmer.

Sie versuchte sich vorzustellen, was sich hier vor einer Woche abgespielt hatte. Die winzige Frau im Bett, die Flaschen, die wie Glasfrüchte an einem Lebensbaum hingen und ihre klare Flüssigkeit in ihre Adern tröpfelten. Plastikschläuche hingen von ihrer Nase, das röchelnde Auf und Ab ihrer schmalen Brust. Dieses zerbrechliche Geschöpf mit dem silbernen Haar und der bleichen, faltigen Haut war ihre Großmutter. Gewesen.

Hervorstehende blaue Adern, knotige Finger. Die Frau stöhnte, ihre papierdünnen Augenlider flatterten, und sie öffnete ihre dunklen Augen, ihr Blick war verschwommen.

»Zeit«, glaubte sie die alte Frau flüstern zu hören. »Zeit für dich. Es ist –«

»Entschuldigung«, donnerte eine fröhliche männliche Stimme.

Die Szene vor ihr löste sich auf, sie drehte sich überrascht um und wich einen Schritt zurück, als sie in ein bekanntes Gesicht schaute, ein Gesicht, das zehn Jahre gealtert, aber immer noch unverkennbar war.

Edward Tanner war immer noch genauso gutaussehend und arrogant wie früher.

Und er erkannte sie.

»Du!«

»Ja«, sagte sie ruhig.

»Was –?«

»Meine Großmutter.«

»Natürlich. Das hätte ich wissen sollen.« Er hielt inne, spielte mit seinem Kugelschreiber, drehte ihn immer wieder zwischen den Fingern. Ihre Finger konnten sich nicht mehr um einen Kugelschreiber oder Bleistift legen.

»Du bist nun also Arzt.«

»Ja, genau wie mein Vater.«

»Ja, genau wie dein Vater.« Ihr Ton war leicht ironisch. Sie schaute ihm geradewegs in die Augen, und nach ein paar Sekunden wurde er rot und sah weg.

»Was hatte sie denn?«

Nun war er wieder der effiziente Arzt, der mit einem Familienangehörigen über einen verstorbenen Patienten sprach. »Eine schwere, durch verschiedene Viren ausgelöste Lungenentzündung. Sie war alt und hatte nicht mehr die Kraft und die Widerstandsfähigkeit, diese Krankheit durchzustehen. Ich habe ihr Bettruhe und eine hohe Dosis Tetracyclin verschrieben, aber sie war ja so eigensinnig.«

»Sie wollte davon nichts hören.«

»Stimmt. Sie hätte sich wieder erholen können«, beteuerte Tanner. »Lungenentzündung ist heute nicht mehr so gefährlich.« Seinem Vater war es auch immer unangenehm gewesen, einen Patienten zu verlieren. Für die Tanners war der Verlust eines Lebens mehr eine Frage des Stolzes als des Bedauerns.

»Ich bin sicher, du hast getan, was du für das Beste hieltest«, sagte sie und entfernte sich noch einen Schritt von ihm.

Er leckte seine Lippen. »Wir haben versucht, dich zu erreichen, aber sie hatte deine Adresse nicht.«

Sie sagte nichts, und als er so vor ihr stand und sie anschaute, wußte sie, was er dachte. Auch er erinnerte sich an jenen Abend, und an den anderen.

Er sah sie an, als ob er sich weiter mit ihr unterhalten wolle, aber sie hatte nichts mehr zu sagen. Ohne ein weiteres Wort ging sie davon.

Draußen, wo es nicht mehr nach Desinfektionsmitteln und Urin roch, atmete sie tief durch. Die Begegnung hatte sie ziemlich mitgenommen, aber ihn hatte sie noch mehr aufgerüttelt. Sie lächelte. Das war gut.

Sarah hatte gewußt, daß sie zurückkommen würde; sie hatte so lange ausgeharrt, wie sie konnte, aber es war zu spät. Sie wußte jetzt, was sie tun mußte. Sarah hätte gewollt, daß sie zur Hütte zurückkehrte und sich nahm … was rechtmäßig ihr gehörte. Ihr Erbe. Sie zitterte, als eine große, graue Wolke sich über die Sonne legte und die schwache Wärme des Tages blockierte, und rieb sich die pochende Hand.

Zehn Jahre lang war sie auf Wanderschaft gewesen. Nachdem sie Greystone Bay verlassen hatte, war sie nach New York gegangen. Sie arbeitete zuerst im Village als Kellnerin in einem schmuddeligen Restaurant, wo sie der Schickeria Tofusuppe und Sprossensandwiches servierte. Sie hielt es dort nicht lange aus. Danach nahm sie einen Job als Angestellte in einem kleinen Versicherungsbüro an, aber sie konnte nicht tippen, nicht mehr. Sie belegte ein paar Kurse an einer Universität, verließ die Uni aber nach einem Semester. Sie trampte hoch nach Boston und arbeitete in einer Buchhandlung, aber die Arbeitszeit behagte ihr nicht. Sie wanderte dann langsam die Küste hinunter bis nach Florida. Dort blieb sie eine Weile, wechselte den Job alle paar Monate und ging schließlich nach Kalifornien.

Jemand hatte ihr erzählt, daß Hollywoodregisseure Indianer, vor allem indianische Frauen, suchten. Sie weigerte sich allerdings, die Besetzungscouch zu benutzen; so arbeitete sie wieder als Kellnerin in einer kleinen Stadt außerhalb von Los Angeles. Dann ging sie nach Las Vegas, und schließlich begab sie sich vor ein paar Jahren wieder in Richtung Osten. Immer wenn sie sich langweilte, zog sie weiter; vor einer Woche war sie nach New York gekommen, und da hatte es angefangen.

Sie wußte, daß sie keinen Ehrgeiz besaß, seit sie Greystone Bay verlassen hatte. Früher hatte sie mehr als genug Ehrgeiz und Träume –.

Aber jetzt nicht mehr.

Jetzt lag sie auf ihrem Bett in der Hütte und lauschte dem Wind, der draußen durch die Äste der Kiefern strich. Irgend etwas kratzte über das Dach. Ein Ast, sagte sie sich, weiter nichts. Manchmal glaubte sie die Stimme ihrer Großmutter zu hören, die sie rief, ihren Namen flüsterte, und sie lächelte. Sie war der alten Frau nahe, so nahe wie seit zehn Jahren nicht mehr.

Sie schloß die Augen und sah Benjie Adams, Kens Cousin. Ein großer, grobschlächtiger Junge, der Football spielte und der gerne andere anrempelte, weil er sie heftiger und öfter umstoßen konnte als sie ihn. Sein langes, strohblondes Haar sah immer ungekämmt aus, und sein Grinsen war schief, sein Gesicht war nicht hübsch, aber ganz passabel, und irgendwie war er liebenswert.

Auch er war da gewesen. O ja, er hatte sie festgehalten –

Nein.

Nein, nein, nein.

Sie spürte, wie sich in ihr eine heiße Wut zusammenballte, wie sie durch ihr Inneres drang, ein immer wiederkehrendes Gefühl seit so langer Zeit. Tränen der Wut brannten auf ihren Lidern, und sie fuhr sich mit der rechten Hand über die Augen.

Weinen war etwas für Kinder, für verlorene Mädchen. Weinen war die Vergangenheit, nicht die Gegenwart.

Der Wind wurde stärker, stöhnte, und sie glaubte Stimmen zu hören, Stimmen, die sie ermutigten und dieselbe Wut fühlten wie sie, und sie hatte keine Angst. Hatte ihre Großmutter nicht immer recht gehabt? Nichts konnte ihr hier geschehen, nicht in der Hütte. Außerhalb ja, aber nicht hier, hier war sie geschützt.

Sie lächelte, setzte sich in der Dunkelheit auf und schlang die Arme um ihre Knie. Morgen würde sie anfangen, nach den anderen zu suchen.

Draußen stand der zunehmende Mond im sturmwolkenverhangenen Himmel.

In dieser Nacht träumte sie von rotem Tau auf nassen Grashalmen.

Was sie zu tun hatte, war ... machtvoll. Irgendwie war sie nicht sicher, ob sie es schon ganz verstand. Sie zitterte, als der Wind über den Bürgersteig fegte und die trockenen Blätter vor ihr herblies.

Macht.

Das Wort beherrschte ihre Gedanken. Ihre Großmutter besaß Macht. Hatten sich das nicht die Leute aus der Stadt zugeflüstert? Sie hatte die alte Frau nie bei etwas beobachtet, das so hätte beschrieben werden können. Was Sarah getan hatte, war ... richtig ... natürlich ... und als sie ein junges Mädchen war, war auch sie in die Tradition eingeweiht worden, hätte aber niemals angenommen, niemals vermutet, daß sie eines Tages vielleicht –

Nein.

Sie wartete vor dem Krankenhaus, auf der anderen Straßenseite, bis Tanner an diesem Nachmittag herauskam. Er sah sie sofort und zog den Kopf ein, als ob er sein Gesicht vor dem Wind schützen wolle. Er ging schnell zum Parkplatz, zu seinem Wagen, einem neuen, weißen Cadillac. Sie folgte ihm nicht und war verschwunden, als er vom Parkplatz fuhr. Sie war nicht überrascht, als sie aufschaute, um zu sehen, wohin ihre Füße sie geführt hatten. Sie ließ das kalte, feuchte Wetter draußen zurück und ging hinein.

Ken Adams besaß ein gutbürgerliches Restaurant, von dem aus man auf den Hafen und die Bucht blickte. Augenscheinlich hatte Tanner ihn bereits angerufen, denn Adams war nicht überrascht, als sie eintrat. Er versuchte zu lächeln, konnte aber seine schlaffen Lippen nicht genügend verziehen. Sie lächelte, setzte sich an einen Tisch an der Wand und öffnete die Speisekarte. Sie wußte, daß er sie beobachtete.

Schließlich schloß sie die Karte. Anstatt eine seiner rotgold kostümierten Kellnerinnen an ihren Tisch zu schicken, kam Adams selbst. Es war Samstagabend, ein Abend, an dem viele der bürgerlichen Familien von Greystone Bay traditionell zum Essen ausgingen. Bald würde sich die »Goldene Auster« mit Vätern und Müttern und ihrem lärmenden Nachwuchs füllen. Sie war jedoch sehr früh gekommen, so daß sie dies und den Anblick eines weiteren bekannten Gesichts vielleicht verpassen würde. Drei bekannte Gesichter wollte sie sehen.

»Was willst du?«

»Ich nehme die Muschelsuppe«, antwortete sie, obwohl sie wußte, daß er das nicht meinte. »Und die Austern in der Schale...«

»Die sind teuer.«

»Ich habe genug Geld.« Sie schaute kühl zu ihm auf. Ihre Nägel hatten keine Narben hinterlassen. Sein Haar war kürzer geschnitten als früher, und ein paar silberne Strähnen kringelten sich um seine Schläfen. Das Grau verlieh ihm jedoch keine Würde; es machte ihn nur älter, so daß er um etwa zehn Jahre älter aussah, als er wirklich war. Um die Taille war er auch dicker geworden, und er leckte sich ständig über die Lippen, während er sie ansah. »Meine Bestellung«, erinnerte sie ihn sanft.

»Ja.«

Abrupt verließ er den Speisesaal, und sie wartete. Sie hätte gern mit der Gabel oder dem Löffel gespielt, aber sie wollte nicht, daß er sah, wie nervös sie war. Bis jetzt hatte sie zwei von ihnen gefunden, hatte sie wissen lassen, daß sie zurückgekehrt war. Nun mußte sie noch den dritten finden.

Die Suppe roch gut, aber sie aß wenig und schob die Austern nur auf dem Teller hin und her. Sie war sich dabei bewußt, daß er sie weiterhin beobachtete. Als sie fertig war, kam er herüber und setzte sich, ohne zu fragen.

»Was willst du?« wiederholte er.

Sie lächelte und drückte die weiße Serviette sanft gegen ihre Lippen. Ihr Lippenstift hinterließ einen blutroten Fleck.

»Wie geht es denn Benjie so?« fragte sie und lehnte sich auf der Sitzbank zurück. Sie sah, daß er schwitzte. Gut.

»E-er lebt hier nicht mehr«, sagte Adams. »Er ist weggezogen.«

»Im Telefonbuch steht aber was anderes.«

»Das ist veraltet.«

»Ich habe bei ihm daheim angerufen. Seine Frau war dran. Sie klingt sehr nett, sehr bürgerlich.«

Adams wurde blaß. »Was hast du zu ihr gesagt?«

»Ich sagte, es täte mir leid und daß ich mich verwählt haben muß.«

»Hör zu, können wir nicht vergessen, was passiert ist? Es ist zehn Jahre her. Über zehn Jahre, verdammt noch mal.« Er sah zu, als sie nach ihrem Wasserglas griff. Ihre linke Hand konnte es kaum umfassen. Seine Augen starrten auf die häßliche Narbe, die zwischen Daumen und Zeigefinger verlief, sich über den Handrücken zog und die zarte Haut dort in Falten aufwarf.

»Ich habe ein gutes Gedächtnis. Tradition, weißt du.«

»Ich habe eine Frau, eine Familie, ein gutgehendes Geschäft. Was willst du von mir?« Seine Stimme wurde leiser, er lehnte sich vertraulich nach vorne. Er roch nach saurem Schweiß, und sie verzog die Nase. »Schau, wenn es eine Frage des Geldes ist, ich habe da was zurückgelegt.

Ich wollte es für ein Sommerhaus verwenden, aber ich kann es dir geben.«

»Geld«, sagte sie, erhob sich und legte die Serviette neben den Teller, »kann mir nicht wiedergeben, was du mir genommen hast.«

Sie lächelte. »Die Rechnung bitte.«

Sie zahlte und verließ das Lokal, ohne sich umzuschauen.

Sie lief den Pier entlang. Sie hatte ihn nicht ganz so heruntergekommen in Erinnerung. Aber sie betrachtete ihn auch aus der Perspektive einer Erwachsenen, und sie hatte herausgefunden, daß nichts aus der Vergangenheit so wundervoll aussah wie zu der Zeit, als sie noch ein Kind war. Da die Fischereiflotte mit den Jahren immer kleiner geworden war, lagen jetzt nur noch wenige Schiffe vor Anker, und im Hafen hatte man sich einem anderen Geschäft zugewandt: Man versuchte Touristen in das malerische Viertel zu locken.

Nebel stieg an ihren Beinen empor, wirbelte hoch, als sie hindurchging, sie atmete die feuchte, salzige Luft in tiefen Zügen ein. In ihr breitete sich Erregung aus, fast Vorfreude, sie stellte fest, daß sie sich schon lange nicht mehr so gut gefühlt hatte.

Draußen auf dem Wasser lagen die vier Segelschiffe, die im 17. Jahrhundert über den Atlantik gekommen waren. Alle waren sehr gut erhalten, und eines beherbergte sogar ein winziges nautisches Museum. Sie ging vorbei und lauschte dem sanften Schlagen des Wassers an die alten Schiffsrümpfe. Ihr Vater hatte sie einmal mit an Bord eines der Schiffe genommen. Sie erinnerte sich nicht an sehr viel, außer daß alles kleiner gewesen war, als sie es sich vorgestellt hatte.

Nachdem sie den Hafen hinter sich gelassen hatte, blieb sie stehen und starrte hinauf in den nächtlichen Himmel, den die Wolken für einen Moment öffneten. Es war fast Vollmond.

In dieser Nacht träumte sie von weinenden roten Augen.

Am Sonntagmorgen ging sie zur Kirche, und als sie in der vordersten Bank saß und auf den Beginn des Gottesdienstes wartete, wußte sie, daß Benjie Adams die Stadt nicht verlassen würde, nicht verlassen konnte.

In diesem Augenblick kam der Pfarrer herein, und als er sich umdrehte, um die Gemeinde anzuschauen, wurde er blaß. Er hielt sich mit einer Hand am Geländer fest, als habe er Angst, ohnmächtig zu werden.

Sie lächelte.

Er schaute weg, öffnete das Gebetbuch und begann zu lesen, aber in seiner Stimme konnte sie ein Zittern vernehmen, und von Zeit zu Zeit starrte er sie an. Als er zu den Abkündigungen kam, sagte er, daß es diesen Sonntag keine Mitteilungen für die Gemeinde gebe, was erstauntes Gemurmel bei den Kirchgängern auslöste. Sie lächelte; sie wußte, er hetzte durch den Gottesdienst.

Als sie sich dann in die Schlange einreihte, um dem Pfarrer die Hand zu schütteln und seine Predigt zu loben, hörte sie auf die Kommentare um sie herum. Die meisten Gemeindemitglieder hatten das Unbehagen des Pfarrers bemerkt und fragten sich, was wohl die Ursache sei. Er war ja ein so netter Mann, nicht wahr, meine Liebe? Was war denn nur los?

Als sie Benjamin Adams wieder von Angesicht zu Angesicht gegenüberstand, reichte sie ihm die Hand, die sich kühl um seine fiebrige Handfläche schloß, und er schreckte zurück. Sie verließ das Vestibül, ging den gepflasterten Bürgersteig entlang und überquerte die Straße. Am Ende des Häuserblocks drehte sie sich um und sah, daß er ihr immer noch nachschaute.

Zur Mittagszeit ging sie hinunter zum Hafen, setzte sich in die »Goldene Auster«, las das Kirchenblättchen und beobachtete Ken Adams. Er war genauso nervös wie am vorherigen Abend, und als er zu ihr herüberkam, stand sie auf und verließ das Restaurant.

In irgendeiner Form besitzt jeder Mensch Macht, hatte ihre Großmutter einmal gesagt. Wir alle verfügen über eine spezielle Macht, und sie ist in Frauen besonders stark ausgebildet, behauptete Sarah. Besonders in den Frauen ihrer Familie. Sarahs Talent lag im Heilen, und während der langen Jahre waren viele Leute aus der Stadt zur Hütte gekommen, um sich das eine oder andere von Sarah Littles Kräutermitteln zu besorgen. Macht gegen Verbrennungen, gegen Sterilität, Impotenz, gebrochene Knochen, gegen Auszehrung und trockenen Husten. Alle, die Sarah konsultiert hatten, wurden geheilt.

Und obwohl sie darüber nie besonders nachgedacht hatte, als sie jünger war, hatte sie angenommen, daß ihre eigene Macht im Schöpferischen lag. Jetzt war sie sich nicht mehr so sicher.

Sie zuckte mit den Achseln und begab sich die Straße hinunter Richtung Krankenhaus. Ein weißer Cadillac raste an ihr vorbei, und sie hob die Hand zum Gruß. Es war Edward Tanner, er wandte sein Gesicht ab. Sie schlenderte die Straßen entlang, die voller Erinnerungen waren und nur wenige gute dabei. Langsam begann sie den schrecklichen Weg zurückzuverfolgen, auf dem es vor so langer Zeit begonnen hatte. Sie ging zu Krueller's, in den Hinterhof, und starrte auf die Stelle, wo sie sie zuerst aufgespürt hatten. Da war sie ihnen noch entkommen. Sie lief an der Schule vorbei, vorbei an der Bücherei, wo sie sich immer sicher gefühlt hatte, und dann ging sie in Richtung Wald, der die Hütte umgab. Dort hatte es begonnen, dort würde es enden.

Sie fragte sich, wo die drei Männer waren, was sie gerade taten, was sie dachten. Ohne Zweifel trafen sie sich, um zu entscheiden, was sie wegen ihr unternehmen sollten. Um so besser, sie wollte, daß sie sich um sie Gedanken machten, daß sie wegen ihr nachts wach lagen. Sie blieb vor einer Telefonzelle stehen und rief bei Benjamin Adams an. Als er den Hörer abnahm, sagte sie nichts.

»Hallo?« rief er. »Wer ist da?«

Sie schwieg und hängte einfach ein. Sie hatte die Anspannung in seiner Stimme gehört.

Die Nachmittagssonne wurde sehr schnell schwächer und hinterließ ein seltsames, rotdurchzogenes Zwielicht. Es verging, während sie noch durch den Wald lief, die Dunkelheit hüllte sie weich ein, und wieder hörte sie Stimmen. Sie blieb stehen und schaute sich um, fühlte Spinnweben, die ihre Haut liebkosten. Sie lächelte in der Dunkelheit und streckte die Arme aus, krümmte die Finger, und sogar ihre kaputte Hand tat weniger weh als sonst.

Ein paar Minuten später erreichte sie die Hütte. Sie umrundete sie und ging durch die Überreste des Gartens, erinnerte sich an die Sommertage, als sie Sarah mit ihren Kräutern und den Kürbissen und Tomaten half, und sie lächelte. Das war eine gute Erinnerung, eine der wenigen.

Drinnen ging sie durchs Zimmer und fühlte die Leere wie nie zuvor, berührte jeden Gegenstand, als ob sie dadurch einen Teil von Sarah zurückgewinnen könne.

Ja, ihre Großmutter hatte recht gehabt: Sie wußte jetzt, was zu tun war.

Sie zweifelte nicht daran, daß sie kommen würden, und so wartete sie geduldig.

Als der Vollmond über den Bäumen aufging, trat sie hinaus auf die dunkle Veranda und sah zu, wie sie am Rand der Lichtung stehenblieben.

Vor zehn Jahren hatten sie in jener Nacht hinter Krueller's Drugstore auf sie gewartet. Sie hatte etwas für die Schule besorgen müssen, einen Stift, sie erinnerte sich nicht mehr genau, was es war, und als sie auf dem Weg nach Hause um die Ecke bog, sprang Ken Adams vor und riß an ihrem langen Haar, wickelte es brutal um seine starken Hände. Sie konnte den Alkohol in seinem Atem riechen.

»Du kleine Hure, ich werde dir's zeigen«, sagte er.

Er zwang sie zu Boden und preßte seinen Mund auf den ihren, daß es schmerzte. Sie spuckte ihn an, und er schlug sie ins Gesicht. Die anderen standen herum, lachten und freuten sich, daß ihr Kumpel seinen Spaß hatte.

Sie kämpfte sich von ihm los und riß sich dabei einige Haare aus, was ihr die Tränen in die Augen trieb.

»Schaut her«, sagte er, »ich habe eine Rothaut skalpiert.« Da stürzte sie sich auf ihn und grub ihre Nägel in sein Gesicht und kratzte ihm beinahe ein Auge aus. Er schrie, daß er ihr das heimzahlen würde.

Sie rannte davon und floh durch die Außenbezirke der Stadt in den Wald, ihren Wald, ihren tröstenden Wald. Das harte Keuchen ihres Atems wurde durch den Wind, der um sie herumwirbelte, von ihren Lippen gerissen, und so hörte sie auch ihre Verfolger nicht.

Sie holten sie kurz vor der Lichtung ein. Benjie griff sie an, versetzte ihr einen Hieb auf den Unterkiefer und betäubte sie für einen Moment. Sie stopften ihr eine ihrer Socken in den Mund, damit sie nicht schreien konnte. Jeder Junge zog ihr einen Teil ihrer Kleidung aus, und als sie nackt war, ließen sie ihre Hosen fallen und wechselten sich auf ihr ab, wobei die beiden anderen sie für den dritten festhielten.

Sie vergewaltigten ihre Seele. Und als sie fertig waren, gingen sie zu dritt wieder auf sie los. Sie weinte, das junge Mädchen, das sie damals war, weinte heiße Tränen, die in die Schnitte und Prellungen auf ihrem Gesicht stachen, Tränen der Wut und der Erniedrigung. Sie war sechzehn, sie waren siebzehn. Sie lachten laut, waren durch ihr abendliches Trinkgelage dreist geworden und brüsteten sich mit ihrem Mut, und jeder Stoß zerriß sie innerlich. Sie versuchte zu kämpfen und wurde mehr als einmal geschlagen, und gegen Ende, als sie schon müde wurden, schlug Edward Tanner, der eines Tages Arzt sein würde, vor, sie ein bißchen zu schneiden, nur um ihr eine Lektion zu erteilen.

Als er sein Pfadfindermesser herauszog und es aufspringen ließ, konnte sie eine Hand losreißen. Hand und Messer trafen aufeinander, und die scharfe Klinge schnitt durch die Haut, den Muskel, den Nerv, die Sehne. Blut spritzte auf die Jungen, die angsterfüllt aufsprangen. Sie zogen ihre Hosen hoch und liefen davon, ließen sie am Boden liegen und schauten sich kein einziges Mal nach ihr um.

Irgendwann später fing es an zu regnen, nicht stark, gerade genug, um etwas von dem Blut von ihrem Gesicht zu waschen. Sie blieb liegen, unfähig, sich zu bewegen. Ihre Schenkel waren wund, ihre Knie unnatürlich nach außen in den weichen Boden gepreßt. Sie fühlte, wie das Blut von ihrer verstümmelten Hand tropfte, ihrer linken Hand, der Hand, mit der sie zeichnete, und sie wußte, sie mußte etwas unternehmen. Sie zog den Strumpf aus ihrem Mund und warf ihn weg, rollte sich auf die Seite und stöhnte vor Schmerzen, die von ihren Leisten bis hinauf in ihr Gesicht schossen. Sie wickelte den anderen Strumpf um ihre Hand und zog sich mit Schwierigkeiten ihre Jeans, die Bluse und Unterwäsche an. Ihre Schuhe fand sie nicht.

Sie kroch leise in die Hütte, um ihre Großmutter nicht zu wecken, obwohl die alte Frau im allgemeinen einen tiefen Schlaf hatte. Sie wusch ihre Hand im Waschbecken und sah zu, wie das Blut in den Abguß wirbelte. Der Schmerz in ihren Fingern und die Gewißheit, daß sie niemals mehr würde malen oder zeichnen können, trieben ihr die Tränen in die Augen. Sie tröpfelte ein Desinfektionsmittel auf den tiefen Schnitt, der über ihre ganze Handfläche lief, und zuckte zusammen, als es brannte. Als sie mit dem Bandagieren ihrer Hand fertig war, starrte sie sich im schwach beleuchteten Spiegel an. Häßliche Flecken hatten die Haut um Augen und Backenknochen verfärbt, und sie hatte einen langen Kratzer entlang des Kinns. Ihr gesamtes Gesicht war verschwollen. Die Steifheit und der Schmerz ihres Körpers sagten ihr, daß er ihrem Gesicht glich.

Sie dachte nicht an das, was passiert war. Sie dachte an gar nichts. Sie zog ihre Kleider aus, zerriß sie und warf dann die Fetzen weg. Sie zog saubere Jeans und ein

T-Shirt an, holte einen kleinen Koffer, packte so viele ihrer Kleider ein, wie hineinpaßten, eine Haarbürste und ein paar andere Sachen. Dann ging sie zum Schrank am Ofen und nahm die Küchenschere heraus. Zurück im Bad packte sie ihr Haar büschelweise und begann zu schneiden. Als sie fertig war, wusch sie das Becken aus, kehrte den Boden, bis keine Haarsträhne mehr zu sehen war, nahm ihren Koffer und verließ die Hütte.

Sie war erst vor wenigen Tagen zurückgekehrt.

Der Wind pfiff durch die Baumkronen, strich durch die Äste, so daß sie wie trockene Knochen knackten. Irgendwo im Wald hinter der Hütte heulte eine Eule. Der Vollmond tauchte die Lichtung in blasses Licht. Die Luft roch nach feuchten Blättern und etwas anderem, einem moschusartigen Geruch, der nicht angenehm war. Angst und Erregung, dachte sie und atmete ihn genußvoll ein.

Sie verließ die Veranda, und die drei Männer traten hervor. Im Mondlicht konnte sie ihre Gesichtszüge und den Ausdruck darauf erkennen.

»Ich dachte, du seist...«, begann Ken Adams, dann schaute er auf seinen Cousin. »Seist tot.«

Sie lächelte.

»Wir hörten ja nichts mehr von dir«, sagte Benjie Adams, »und als du am nächsten Tag nicht zur Schule kamst... Deine Großmutter hat nie erzählt, was passiert ist. Ich meine...« Er schwieg, sein Gesicht war rot.

»Wir wollten dir nicht weh tun«, sagte Tanner und sprach zum ersten Mal. »Um Gottes willen, das mußt du doch mittlerweile wissen.« Sie sah ihm direkt in die Augen. Sie wußte es nicht, noch glaubte sie ihm. Nicht jetzt, und sicherlich nicht damals.

»Das ist nun zehn Jahre her«, sagte Ken Adams. »Komm schon, wir sollten es vergessen. So was passiert halt. Besonders wenn man jung ist und getrunken hat und wenn das Mädchen... tja, recht hübsch ist.«

Sie rieb ihre Hand und sein Blick glitt davon.

Für ein paar Momente herrschte Schweigen, dann sagte Tanner: »Du kannst überhaupt nichts beweisen.«

»Nein«, antwortete sie sanft.

Er fuhr fort: »Es gibt nach all dieser Zeit keinerlei Beweise. Keinen. Wir sind alle drei verheiratet, unbescholtene Bürger, Familienväter.«

»Ich kann keine Kinder bekommen«, sagte sie.

»Was zum Teufel soll denn das heißen?« wollte Ken Adams wissen.

Sie stand da, ohne sich zu bewegen. »Es heißt, daß ihr mich in jener Nacht so zugerichtet habt, daß ich seither keine Kinder mehr bekommen kann. Nicht, daß es wirklich irgendwas ändert, ich meine nur.«

Tanner lachte kurz auf. »Mein Mitleid hast du nicht, glaub mir. Jemand hätte nach deiner Hand schauen können. Mein Vater hätte sie wieder in Ordnung bringen können, wenn du nur zu ihm gegangen wärst.«

»Hör zu, wenn du hinter Geld her bist, wir werden nicht zahlen.«

»Du bist sehr mutig, Ken, aber das warst du ja immer im Kreise deiner Freunde.«

Mit geballten Fäusten ging er einen Schritt auf sie zu. Über ihm krachte ein Ast, fiel zu Boden und verfehlte seinen Kopf nur um Zentimeter. Er sprang zurück und starrte sie mit weißem Gesicht an.

Etwas raschelte im Unterholz, und Benjie Adams fuhr herum. »Was war das?« Er berührte das Kreuz, das er um den Hals trug.

»Laß dich von ihr nicht einschüchtern. Sie versucht nur, uns Angst zu machen.«

»Klar, Ed.«

Sie trat einen Schritt vor, und die Adams-Cousins blickten sich kurz an. Der Wind wirbelte das Laub auf. »Du hast wohl noch nicht genug, he?« lachte Tanner in sich hinein. »Du hättest dein Gesicht im Krankenhaus sehen sollen.«

»Du hättest *deins* sehen sollen.«

»Na komm schon. Du wolltest uns hier draußen haben. Hast du keine Forderungen oder so was?«

»Nein, Ed. Ich habe keine Forderungen. Ich bin nicht wegen Geld oder Erpressung zurückgekehrt. Das interessiert mich nicht.«

»Was denn?«

»Ihr drei, und wie ihr für das, was mit mir passiert ist, bezahlen werdet.«

Sie lachten alle drei. »Bezahlen? Ich dachte, du seist an Geld nicht interessiert. Weißt du, wir werden uns nicht schuldig fühlen. Verdammt, das ist so lange her«, sagte Tanner. »Niemand kann es beweisen.«

»Niemand kann es widerlegen, und einige von uns haben immer noch Narben.«

Der Wind wurde stärker, und das tote Laub wirbelte auf, umtanzte die Männer, und Benjie fingerte abermals an seinem Kreuz herum. Eine Wolke, langgezogen und dünn wie ein Hauch, strich über das Gesicht des Mondes, verdunkelte die Lichtung, und die Blätter flogen in ihre Gesichter. Tanner wehrte sie mit den Armen ab und kam auf sie zu. Sie blieb stehen. Eine lange Flechte mit roten Blättern schnellte aus dem Dickicht hervor und legte sich um seinen Knöchel. Er bückte sich, um sich davon zu befreien.

»Lustig, sehr lustig.« Seine Stimme klang rauh.

»Ich glaube, wir sollten gehn.«

»Halt den Mund, Benjie. Ich habe dir doch gesagt, daß wir mit ihr fertig werden müssen. Wir können es nicht zulassen, daß sie zurückkommt.«

»Komm schon, Ed. Sie kann uns nichts anhaben, nicht nach so langer Zeit.«

»Ich habe dir doch gesagt, ich will unerledigte Sachen zu Ende bringen. Wir hätten sie in dieser Nacht niemals allein lassen dürfen, zumindest nicht lebendig.«

»Ed«, sagte Ken Adams, »um Gottes willen, schau dir mal die Lichtung an.«

Hohe Blätterhaufen umringten sie jetzt wie die niedrigen Wände eines natürlichen Forts, und darauf türmten sich vertrocknete Brombeersträucher, Zweige und Reisig. In den Bäumen um sie herum erhob sich der Wind zu einem Brüllen und ließ Äste wie hölzerne Peitschen vor- und zurückschnalzen, aber die Blätter in der Lichtung bewegten sich nicht. Dort war alles still, unnatürlich still.

»Das ist ein Trick«, sagte Tanner. »Genauso wie bei ihrer Großmutter, weiter nichts.«

»Ich weiß nicht, Ed. Mir gefällt das nicht.«

Über ihren Köpfen schossen blaue Blitze durch den Himmel, Donner dröhnte unheilvoll nah. Der Moschusgeruch wurde stärker.

»Beruhige dich, Benjie. Das wird nicht lange dauern.« Das Mondlicht glänzte auf einem scharfen Jagdmesser, das plötzlich in seiner Hand lag.

»Messer haben's dir ja schon immer angetan«, sagte sie mit leicht amüsierter Stimme.

»Ein Gewehr könnte man hören«, sagte er sachlich, »und es ist auch einfacher aufzuspüren.«

»Um Gottes willen, Ed.«

»Ich dachte, wir würden ihr nur ein bißchen angst machen, aber sie doch nicht ...« Der Pfarrer konnte es nicht aussprechen.

Sie lächelte, als Tanner auf sie zukam. Sie wußte nun, was zu tun war, hatte es seit diesem Nachmittag gewußt. Wenn ihre Großmutter eine Heilerin war, was war sie dann? Sie wußte, daß für jedes Yin ein Yang existierte. Für alles Positive etwas Negatives. Richtig und falsch. Gut und böse. Sarah heilte, sie nicht.

Tanner war nur einige Meter von ihr entfernt, hinter ihm standen die Adams, obwohl sie noch zögerten, wurden sie doch mit jedem Schritt mutiger.

»Ihr werdet mich niemals mehr berühren«, sagte sie, ihre Stimme war kalt.

Tanner lachte, und um sie herum schrie der Wind. Sie begannen sie einzukreisen, ihre Zurufe wurde immer gemeiner, je enger sie um sie herumschlichen. Plötzlich barsten aus den Blätterhaufen und Ästen rote Flammen.

»Was?« Benjie Adams zuckte herum.

»Schau nicht hin!« schrie Tanner und stürzte auf sie zu. Als die drei Männer mit ihren groben Händen nach ihr greifen wollten, fuhr ihnen ein elektrischer Schlag durch die Finger in Handgelenke und Arme. Sie stolperten zurück und umklammerten ihre Hände. In diesem Moment schrie Tanner auf. Seine Kleider fingen von innen nach außen an zu schwelen. Er warf sich auf die Erde und wälzte sich in irren Zuckungen hin und her.

»O Gott!«

Die Cousins wichen zurück und starrten voller Entsetzen auf den Rauch, der aus Tanners Mund kam. Plötzlich züngelte eine winzige Flamme zwischen seinen Lippen.

»O Gott!« schrie Tanner. »Ich verbrenne. Ich stehe in Flammen. Helft mir! Löscht die Flammen!«

Die Adams sahen sich an. Da gab es keine Flammen zu löschen.

Ein Blitz schlug zischend in einen der Bäume ein, hinterließ einen Geruch von Ozon und Funken, die das trockene Laub entzündeten. Plötzlich krümmten sich die Cousins. Ihr Blut fing an sich zu erhitzen. Tanner kreischte auf, ein unmenschliches Geräusch, und barst in Flammen. Benjie und Ken warfen sich auf den Boden und wälzten sich hin und her, als versuchten sie, das Feuer zu ersticken, das noch nicht aus ihren Körpern explodiert war.

Ihre Lippen bewegten sich, ihre Kleider und ihr Haar entzündeten sich in einem Funkenregen. Um sie herum schossen die Flammen von den brennenden Blättern meterhoch in den Himmel. Sie schaute stumm zu, unbeweglich, als die Männer heulten und brüllten, ihre Schreie unhörbar im tobenden Wind und dem Zischen der Flammen.

Tanner, der sich immer noch wälzte, der immer noch kreischte, konnte die Flammen nicht ersticken, und seine Schreie wurden immer qualvoller. Die anderen beiden wimmerten erbärmlich und stießen in einer Explosion von Feuer zusammen. Sie riefen nach ihr, ihre Hände, Haut und Muskeln schon verbrannt, hielten sie ihr in Demut entgegen, aber sie schaute weg in den Wald und sah die roten Augen glühen. Allmählich hörten die schrecklichen Schreie auf, und als es endlich still war, schaute sie zurück und sah drei Haufen schwelender Asche.

Über ihr zogen Wolken auf. Blitze schossen durch die Wolken, und die ersten dicken Regentropfen fielen. Regentropfen trafen mit einem Zischen auf die Asche, und sie schaute zu, wie die Asche naß wurde. Wind kam auf und blies sie von der Lichtung weg in den Wald, bis nichts mehr von den drei Männern übrig war. Danach strich sie den Ruß von ihren Händen und ihrem Gesicht, ging in die Hütte, schloß die Tür und sah nicht mehr hinaus.

Am Morgen war die Hütte leer.

## Samantha Lee
## Es gibt Schlimmeres als Spinnen

Die Spinne kroch durch das Astloch im Bodenbrett, riesengroß, haarig und aufgedunsen. Seitwärts wie eine Krabbe huschte sie aufs Bett zu. Jenny zog die Bettdecke bis unters Kinn, wich bis an das billig gepolsterte Kopfteil zurück und starrte auf das Ungetüm, das sich ihr über den fadenscheinigen Teppich näherte. Sie befahl ihm mit ihrer ganzen Willenskraft, anzuhalten, und es gehorchte. Aber nur für einen kurzen Moment, in dem es sie mit nacktem, bösartigem Blick anstarrte. Die roten Augen funkelten, der weiche, dicke Körper hing in perfekter Ausgewogenheit zwischen den gekrümmten Beinen. Ein Wunderwerk der Natur. Ein Augenblick, in dem jeder darauf wartete, daß der andere den ersten Schritt tun – und verlieren würde.

Ich sollte aufstehen, sagte sich Jenny, sollte etwas packen und das Ding zerquetschen. Jetzt sofort. Ehe es zu spät ist. Aber das war es bereits. Die Spinne hastete vorwärts, stürzte sich aufs Fußende des Betts und krabbelte am Bein hinauf; sie war bestimmt zehn Zentimeter lang.

»Spinnen beißen doch nicht.« Die spöttische Stimme ihres Bruders, als sie im Bad stand und schrie, bis ihr Gesicht blau angelaufen war. Ihre Mutter, die hereinstürzte, das Untier mit Haarspray besprühte und den Ausguß hinunterspülte. Die Spitzen der Beine, die sich wie gespenstische Totenfinger grimmig festklammerten, bis der Wasserstrahl sie wegriß und die Spinne, zu einer Kugel zusammengerollt, in die Kanalisation hineinspülte und weiter, aufs offene Meer hinaus. Ihr Bruder, der, rechtschaffen empört, die Tür hinter sich zuknallte: »War doch bloß 'ne Spinne. Die hätte ihr nichts getan. Für mich war das Mord«, während sie ihre Hysterie und ihr schlechtes Gewissen schaudernd in die warme Schürze ihrer Mutter hineinschluchzte.

Diese Spinne tauchte jetzt über dem Fußende auf, die Mutter aller Spinnen, gekommen, um ihre Artgenossen zu rächen.

Die Angst trieb Jenny zum Handeln. Sie streckte den Arm aus, packte einen ihrer neuen Garfield-Pantoffeln (ein Weihnachtsgeschenk von besagtem Bruder) und hieb verzweifelt nach dem näher kriechenden Spinnentier. Doch zu ihrem Entsetzen fing es an zu wachsen, schwoll an wie ein Ballon, die Farbe wechselte wie bei einem Chamäleon von Schwarz über Dunkelgrün bis zu Eitergelb, und der ganze schwärende Sack des Körpers pulsierte hinter den leuchtendroten Augen.

Jennys Arm wirbelte durch die Luft, aber die Spinne, die jetzt so groß wie eine Ratte war, wich ihren Schlägen mit Leichtigkeit aus, huschte nach links und nach rechts, lief im Zickzack über ihre Knie und Oberschenkel und schließlich über ihren Bauch auf ihre Halsschlagader zu. Jenny öffnete den Mund, wollte schreien, aber was sie zustande brachte, hörte sich an wie eine Klingel, wie ein Telefon. Das Geräusch riß sie aus ihrem Alptraum und katapultierte sie in das kalte, graue Licht des Januarmorgens hinaus.

»Jenny? Ich wollte schon auflegen.« Es war ihre Agentin.

»Hallo, Lois.« Sie bemühte sich, nicht zu eifrig zu klingen. »Ich habe geschlafen.«

»Um diese Zeit? Manche Leute haben wirklich Glück. Also, meine Liebe, ich habe Arbeit für dich.«

»Arbeit?« Vor Jennys geistigem Auge zogen Visionen von schicken Werbefilmen vorüber, eine Theateraufführung im West End, ein Fernsehspiel, vielleicht sogar eine kleine Rolle in einem Spielfilm. »Was für Arbeit?«

»Ein Rollenspiel.«

Jennys Herz sank. »Ach so«, sagte sie.

»Sei doch nicht so enttäuscht, meine Liebe. Bringt gutes Geld. Zwei Tage à hundert Pfund. *Plus* Spesen. *Und* drei Mahlzeiten im Hotel. Seit wann hast du nicht mehr gearbeitet?«

»Seit November«, murmelte Jenny. Hätte sie nicht während des Weihnachtsansturms bei Selfridges ausgeholfen, säße sie jetzt auf der Straße.

»Eben. Als Bettler kann man nicht wählerisch sein, meine Liebe.«

»Ich weiß. Tut mir leid. Ich wollte nicht undankbar klingen.«

»Schon gut. Verlier nicht den Mut. Das erste Jahr nach der Schauspielschule ist immer das schlimmste. Die Aufträge kommen schon, wenn dein Gesicht erst bekannter ist. Du bist ein hübsches Mädchen, hast Talent, und das rote Haar ist wirklich was Besonderes. Diese Dinge brauchen ihre Zeit, wenn dich das tröstet.«

Jenny sagte nichts. Was hätte sie auch sagen sollen? Eine Glücksspinne krabbelte an der Telefonschnur hinauf. Wild schlug sie mit dem Telefonbuch danach und krümmte sich, als die schmierige Masse die Seite verklebte.

»Fürs erste haben wir jetzt jedenfalls einen hübschen Job, mit dem du dir was zu essen verdienen kannst. Immer mehr Firmen machen solche Trainingskurse. Sie konfrontieren ihre Angestellten mit ungewohnten Situationen, um zu sehen, wie die damit fertig werden. Ein Glück für uns, daß sie richtige Schauspieler brauchen, um das ganze in Szene zu setzen. Hast du einen Rock?«

»Bitte?«

»Für die Rolle. Du brauchst einen ordentlichen Rock. Knielang. Und ein paar flache Schuhe und eine weiße Bluse. Du spielst ein Mädchen vom Zimmerservice. Übermorgen, Punkt neun. Nimm dir ein Taxi zum Horden Hotel. Die Firma zahlt ...«

Auszug aus dem ›North London Chronicle‹ vom 5. Januar 1846.

GRAUSIGER FUND IN HAMPSTEAD

Angestellte des Auktionshauses Mangold and Reece machten eine furchtbare Entdeckung. Beim Ordnen des Nachlasses von Mr. Ezekiel Horden, der einem Herzanfall erlegen ist, fanden sie in einem Speicher des großen Herrenhauses menschliche Überreste. Das Skelett – nach Expertenmeinung hat es seit mindestens zehn Jahren dort gelegen – scheint das eines Kindes zu sein, dessen mißgestaltete Glieder ihm zu Lebzeiten das Aussehen einer menschlichen Spinne verliehen haben müssen. Mr. Hordens Ehefrau, die ehemalige Schauspielerin Sarah Sotheby, ist vor etwa zwölf Jahren verstorben. Dem Büro der Staatsanwaltschaft wurde ein Bericht zugeleitet.

Sie waren sieben bei der Einweisung. Saßen an einem runden Tisch, schön warm in der Nähe eines prasselnden Kaminfeuers, und taten sich an Kaffee und Croissants gütlich, während draußen der Schnee auf die Hügel und Täler von Hampstead Heath fiel.

Drei von ihnen waren vom Management. Marjorie Jewell, Psychologin und Senkrechtstarterin, die schon dreißigtausend im Jahr einschob; mit Wohnung in den Docklands, BMW und Armani-Jacke. Norman Parker, Marjories Mentor, Ende Vierzig. Sein Benehmen war so glatt wie seine Glatze, er war Soziologe und Erfinder der Veranstaltung. Und Simon Mallow, von Beruf Zyniker, Personalleiter bei Amogen Oil. Er sollte darauf achten, daß die Firma für ihr Geld auch etwas bekam.

Vier Schauspieler. Jim Bolton, ein Gesicht, das man immer wieder im Fernsehen sah. Aber trotzdem wußte nie jemand, wie er hieß. Diane de Montfort, alternde Naive, die noch immer auf den großen Durchbruch hoffte. David Dashwood, makellos in seinem Anzug mit Bügelfalten, die noch schärfer waren als seine Zunge. Und Jenny.

»Es gibt zwölf Teilnehmer«, erklärte Norman. »Durch den Kurs sollen sie lernen, im Managementbereich zu arbeiten.«

»Mitarbeitermanagement«, präzisierte Marjorie, »im Gegensatz zum reinen Geschäftsmanagement.«

»Die meisten dieser Knaben sind sowieso schon Manager.« Simon, großspurig, blasiert, von seiner eigenen Bedeutung überzeugt. »Aber die haben sich hochgearbeitet. Keine Finesse. Du tust das jetzt, weil ich es sage. Dieser Stil. Das funktioniert heutzutage mit der arbeitenden Bevölkerung nicht mehr.«

Die Schauspieler nickten verständnisvoll. Jim Bolton nahm sich noch ein Croissant.

»In dem Kurs sollen die Männer lernen, die Gedanken ihrer Angestellten zu beeinflussen«, sagte Norman.

»Sie sollen sie manipulieren?« fragte Jenny.

Marjorie zog eine perfekt gezupfte Braue hoch. »Das ist aber *gar* kein schönes Wort, manipulieren. Klingt nach Goebbels. Beeinflussen klingt sehr viel ... zivilisierter. Unser Geschäft ist das Überreden ... nicht der Zwang.«

Kalt. So kalt. Schnee auf den Ziegeln über der Zimmerdecke. Eisiger Wind pfeift durch den Sprung in der Scheibe, die an dem Tag zerbrochen ist, an dem sie Mama fortgebracht haben. Hab' an das Fenster geklopft; sie soll mich mitnehmen. Laß mich nicht allein. Bitte, Mama. Bitte. Ihr warmes, rotes Haar, eingesperrt in dieser häßlichen, schwarzen Kiste, versenkt in die kalte, schwarze Erde. Warum hast du mich allein gelassen, Mama? Noch dazu mit ihm! Liebe Mama. So viel Liebe, bis er gekommen ist. Deine warmen Arme um mich, deine süße Stimme, die mich in den Schlaf gesungen hat. Für ihn bin ich eine Mißgeburt. Kalt. Und einsam. Niemand kommt. Niemand kümmert sich um mich, seit Mama fort ist. Kalt. Und hungrig. Und so schwach. Sogar zu schwach, um zum Fenster zu kriechen. Um durchs Gitter den

Schneeflocken zuzusehen, die wie Federn aus einem zerrissenen Kissen auf die Pflastersteine im Hof fallen. Um ab und zu einen Knecht mit einem Eimer warmer Maische oder einer Pferdedecke vorbeieilen zu sehen. Um nach unten zu rufen, damit mir vielleicht einer winkt oder zugrinst. Nur ein Traum. Keine Pferde mehr. Keine Mama mehr. So schwach. So müde. So kalt.

Sie brachten Jenny in einem Dachzimmer unter und ließen sie allein, damit sie bis zum Abendessen ihre Rolle lernen konnte. Sie sollte in ihrem Zimmer essen, damit es echter wirkte. Schließlich war sie nur ein Dienstmädchen. Den ganzen Morgen über und noch während eines ausgezeichneten Mittagessens hatten sie ihre Rollen besprochen. Die Schauspieler hatten sich in ihre Charaktere vertieft, hatten sich immer wieder in sie hineinversetzt, bis ihr neues Ego sich langsam herausschälte, wuchs, von ihnen Besitz ergriff.

Die eigentliche Arbeit sollte am nächsten Tag anfangen. Die Kursteilnehmer würden nach einem Tag Unterricht ihre Fähigkeit, andere zu »beeinflussen«, ausprobieren. Sie sollten ihre Tätigkeit für die Ölgesellschaft vergessen und statt dessen so tun, als wären sie Berater einer Gruppe, die gerade ein heruntergekommenes Familienhotel erworben hatte. Durch Gespräche mit den Schauspielern (die das Hotel-Management verkörperten) sollten sie herausfinden, was bei der Leitung des Hotels nicht richtig lief, und es dann in Schwung bringen.

Jeder Schauspieler hatte ein Büro, in dem er die Berater empfing. Als unterstes Mitglied der Hierarchie erhielt Jenny das schlechteste Zimmer im Hotel. Wäre sie tatsächlich ein Dienstmädchen gewesen, das im Hotel wohnte, so wäre dieses Loch wohl ihr Schlafzimmer gewesen. Das Zimmer war ihr zuwider. Das ganze Drumherum war ihr zuwider. Jenny, die Schauspielerin, verwandelte sich langsam, aber sicher in Jenny, das Dienstmädchen, ungebildet, ungeliebt, aber von dem brennenden Ehrgeiz erfüllt, »was Besseres zu werden«.

Sie legte ihr Manuskript nieder und trat an das altmodische Schiebefenster. Das Zimmer war gleichzeitig feucht und stickig. Beklommen schob sie die Hand zwischen die Gitterstäbe, um etwas Luft hereinzulassen, zog sie aber mit einem Aufschrei zurück, als sich eine dicke Spinne aus einem Staubknäuel befreite.

Warum das Gitter, überlegte sie, als sie zum Bett zurückwich, fort von der Spinne, die ungehindert über das Fensterbrett huschte, an der Wand hinab und bis ans andere Ende des Zimmers, wo die Dachbalken in einer dunklen Ecke verschwanden. Jenny fuhr zurück, als das Tier an ihr vorbeikroch. Warum Gitter, so weit oben? Nicht einmal der unverschämteste, geschickteste Fassadenkletterer würde sich hier heraufwagen.

Auf der anderen Seite des Hofes, wo Nebelschleier aus dem Karpfenteich aufstiegen und in der Dämmerung hingen wie Spinnweben, ging im Speisesaal des Hotels das Licht an. Gruppen von Männern in Spesenanzügen kamen herein und setzten sich um Tische mit rosa Leinendecken.

Warum Gitter? Jenny verkroch sich auf ihr Bett. Höchstens, um etwas fernzuhalten...

Angst senkte sich auf die beiden Jennys – die Schauspielerin, die mitsamt ihrem Lampenfieber in diesem kleinen, feucht-stickigen Zimmer eingesperrt war; das Dienstmädchen, das von seiner »Herrschaft« abgesondert worden war – aus den Augen, aus dem Sinn. Sie hatte plötzlich das unheimliche Gefühl, beobachtet zu werden. Hör auf damit. Du bildest dir das nur ein. Sie verrenkte sich den Hals, wollte in die Ecke schauen und wollte es doch auch wieder nicht, dorthin, wo die Spinne lauerte. Sie würde sie loswerden müssen, ehe sie zu Bett ging. Die Vorstellung, daß das Tier mitten in der Nacht über sie hinweglief, war mehr, als sie ertragen konnte.

Eine schattenhafte Bewegung, etwas sammelte sich und torkelte ins Licht. Körper gekrümmt zwischen verdrehten Gliedern, verfilztes Haar, das in dicken Strähnen um die eingefallenen Augen hing. Zögernd streckte es gefesselte Klauen nach ihr aus. Langsam formten die schlaffen Lippen ein einziges Wort ... »Mama«.

Mit fliegendem Haar und hervorquellenden Augen stürzte Jenny laut schreiend in den Speisesaal.

Norman Parker, vom Oberkellner herbeigerufen, zerrte sie hinaus ins Foyer und schüttelte sie, daß ihr Hören und Sehen verging.

»Was ist denn los, zum Teufel?« fragte er mit zusammengebissenen Zähnen. »Sie sollten in Ihrem Zimmer bleiben.« Aber seine Bemerkung löste nur erneutes Geheul aus, Jenny warf den Kopf von einer Seite zur anderen und schluchzte und schniefte.

Parker schubste sie zu Marjorie hinüber, die das Mädchen auf Armeslänge von sich hielt. Die Tränen, die Jenny übers Gesicht liefen, sollten keine Flecken auf ihrem Seidenkostüm hinterlassen, es hatte sie schließlich ein Vermögen gekostet. »Versuch mal, ob du sie zur Vernunft bringen kannst.«

»Ich?«

»Ja, du. Du bist doch die Psychologin. Und eine Frau. Hör ausnahmsweise mal auf, dich in Positur zu werfen, und erledige deinen Job. Dafür wirst du schließlich bezahlt.«

»Sie behauptet, in ihrem Zimmer sei etwas«, berichtete Marjorie, als sie ein paar Minuten später aus der Damentoilette kam. »Mehr bekomme ich nicht aus ihr heraus. Sie steht unter Schock.«

»Hol sie hierher«, befahl Simon Mallow grimmig. »Ich hab' ihre Agentin am Apparat. Mal sehen, ob die sie zur Vernunft bringen kann.«

Also wurde Jenny, mit beschämtem Gesicht und noch immer zitternd, zum öffentlichen Telefon eskortiert, wo eine wütende Lois von ihr wissen wollte, ob sie jetzt von allen guten Geistern verlassen sei.

»Ich kann nicht wieder in dieses Zimmer gehen, Lois, bitte, zwing mich nicht dazu«, jammerte Jenny und tat ihr möglichstes, um vernünftig zu klingen. »Da drinnen ist etwas, etwas Entsetzliches... eine Art Spinnenwesen...«

Lois seufzte. »Ich weiß Bescheid über die Spinnen, Jenny, über die zahme Tarantel deines Bruders, die ausgebrochen und in dein Bett gekrochen ist. Eine schlimme Erfahrung. Aber du darfst dir von dieser Phobie nicht dein Leben zerstören lassen.«

»Nein, nein, das war keine gewöhnliche Spinne. Es war... viel größer... wie ein... wie ein...« Sie brach ab. Ihr fehlten die Worte, um das zu beschreiben, was sie unter den Dachbalken gesehen hatte.

»Jetzt hör mir mal gut zu, Jenny Carter«, fuhr Lois sie scharf an. »Ich hab mir verdammt Mühe gegeben, um dir diesen Job zu besorgen. Die wollten jemanden mit mehr Erfahrung, aber ich habe mich persönlich für dich eingesetzt.«

Jenny blickte in das Meer ungerührter Gesichter um sie herum, während Lois weiterschimpfte. Sie erklärte ihr, daß sie sich zum Gespött mache, daß sie alle im Stich lasse, und drohte ihr schließlich damit, daß sie sich nicht nur eine andere Agentin suchen müßte, wenn sie nicht auf der Stelle in dieses Zimmer zurückkehrte, sondern auch nie wieder ins Geschäft kommen würde. Dafür wollte sie, Lois, persönlich sorgen.

Mama rennt. Nein, nicht Mama. Die Tür knallt zu. Stille. Laß mich nicht allein. Bitte laß mich nicht wieder allein. Schaffe ich es bis zum Fenster? Die Ketten haben meinen Knöchel wund gescheuert. Wenn er mir nicht bald etwas zu essen bringt, bin ich so dünn, daß ich sie abstreifen kann. Dann bin ich frei, frei wie die Spatzen auf der Fensterbank, die mit ihrem Hopp, hopp, hopp

Sternenabdrücke im Schnee hinterlassen. Sie fliegen fort, in den bleigrauen Himmel, wie ich auch gern fliegen würde, fort von diesem gräßlichen Ort. Fliegen, dorthin, wo Mama unter dem gefrorenen Boden liegt, in ihre Arme kriechen und fühlen, wie sie mir übers Haar streichelt und mich tröstet, bis ich einschlafe, bis ich keine Schmerzen mehr spüre, keine Einsamkeit, nichts von dieser schrecklichen, unendlichen Kälte.

Jenny stand mindestens eine Minute lang stocksteif da, nachdem Marjorie gegangen war. Sie war wie gelähmt von der Aussicht, die Nacht an einem solchen Ort verbringen zu müssen. Durch die Zimmertür drangen das leise Klirren von Besteck und die Stimmen von plaudernden Menschen an ihr Ohr. Da draußen ging das Leben unverändert weiter, während hier drinnen eine andere Welt gurgelte und schäumte, mit unbekannten Schrecken schwanger ging, und jeden Augenblick konnte der schwarze Mann aus dem Dunkel springen, um ihr den Kopf abzubeißen.

Jenny sank aufs Bett, zog die Knie an die Brust, schlang ganz fest die Arme darum, um ihre Nerven zu beruhigen, und schloß die Augen vor der Dunkelheit in der Ecke. Sieh nicht hin, befahl sie sich selbst. Sieh nicht hin. Da ist überhaupt nichts. Und laut sagte sie: »Ich brauche diesen Job. Ich brauche diesen Job.«

Halb bewußtlos, zusammengekrümmt wie ein Fötus im Mutterleib, lauschte sie auf das Geräusch ihres eigenen Herzens. Die Luft um sie herum schien sich bedrohlich zu verdichten, und die Haare auf ihrem Handrücken standen zu Berge wie bei Dr. Jekyll in Erwartung Mr. Hydes. Und dann hörte sie durch das Hämmern ihres eigenen Herzens noch einen anderen Laut. Einen Laut, der ihr das Blut in den Adern gefrieren ließ. Unverkennbar das Jammern eines verlassenen Kindes, das leise vor sich hinweint.

Eine Weile hörte Jenny zu. Denn setzte sie sich auf. Das

Licht des Wintermondes ergoß sich ins Zimmer und zeichnete ein Muster aus langen Streifen auf den Teppich, die in die dunkle Ecke unter den Dachbalken zeigten.

Wovor habe ich eigentlich Angst? überlegte Jenny. Doch gewiß nicht davor?

Sie nahm all ihren Mut zusammen und ging zu der Dunkelheit hinüber, zu dem dunklen Ding, das darin kauerte, das sich unter die schiefe Mauer duckte, zusammengekrümmt, so wie sich die Spinne angesichts der Ausweglosigkeit des Abflusses zusammengekrümmt hatte. Es wiegte den armen, gebeugten Körper hin und her und weinte, als wollte sein Herz brechen. Und Jenny tat das, was jedes normale menschliche Wesen tun würde. Sie kniete nieder und nahm das Kind in die Arme. Sie fühlte, wie sich der kleine, zarte Körper an sie schmiegte, und wiegte es, wie Mütter seit Urzeiten ihre Kinder gewiegt haben. Sie fühlte, wie es sich an sie, in sie drängte, als sie ihm über das verfilzte Haar strich und tröstend auf es einsprach. Es kam noch näher, näher, verschmolz mit ihr, bis ihre Arme leer waren und ihr Körper plötzlich schmerzerfüllt. Es war der glühende Schmerz eitriger Wunden, der hämmernde Schmerz kranker steifer Glieder, der kalte, bohrende Schmerz endlosen Hungers. Aber schlimmer als all das war der Schmerz in ihrer Mitte. Der Schmerz des Verlusts und des absoluten Verlassenseins. Verzweiflung überflutete sie, brannte wie Feuer. Schmerz, stärker, als Jenny ihn je empfunden hatte. Sie konnte nicht damit umgehen. Sie konnte ihn nicht ertragen.

MAGGIE Totenstarr lag sie da, flach auf dem Boden. Stocksteif. Na ja. Du kannst dir vorstellen, was ich gedacht habe.

TRACE Daß wieder einer ins Gras gebissen hat?

MAGGIE Genau. Nach dem letzten Mal hätte ich nicht gedacht, daß die noch mal jemanden da unterbringen würden.

Trace  Und was hast du getan?

Maggie  Erst mal hab' ich das Tablett hingestellt. So schöne Sachen, Hähnchen, dazu Avocado, Krabben, Obstsalat.

Trace  So gute Sachen geben die uns nicht.

Maggie  Das kannste laut sagen. Egal, sie kam da jedenfalls schon langsam wieder zu sich, hat ein bißchen gestöhnt, hat mit den Händen und Füßen gezuckt, wie ein Hund, wenn er Alpträume hat. Also hab' ich ihr 'n bißchen Wein eingeflößt, und sie hat sich aufgesetzt, schnurgerade saß die da. Hat das Abendessen verschlungen, als hätte sie seit Monaten nichts mehr zu essen gekriegt.

Trace  Na so was!! Und was hat sie gesagt ... du weißt schon ... von wegen ohnmächtig ...

Maggie  Hat behauptet, ihr wäre schwindlig geworden. Hätte ihre Tage und so. Hat mich gebeten, nichts zu verraten. Sagte, sie wollte nicht, daß die andern sie für neurotisch hielten.

Trace  Und sie hat nichts gesagt? Ich meine, daß sie was gesehen hätte?

Maggie  Kein Sterbenswörtchen. Hat gefragt, ob ich eine Schlaftablette hätte. Hat gesagt, sie wollte sicher sein, daß sie gut schlafen würde.

Trace  (schaudernd) In dem Zimmer? Mit der möchte ich nicht tauschen.

Jenny wartete, bis das Mädchen fort war und sich im Hotel Stille ausbreitete. Dann schlüpfte sie in Wintermantel und Stiefel und schlich aus dem verhaßten Zimmer, stahl sich die Treppe hinunter, über den leeren Hof und durch den Hauptteil des schlafenden Gebäudes, vorbei an dem Nachtportier, der leise schnarchend auf seinem Platz saß, und hinaus in die Winternacht.

In ihrem Innern schlief das Kind, hob und senkte sich im Rhythmus ihres Herzens, und zum ersten Mal seit langer, langer Zeit war ihm wieder warm. Jenny summte ihm leise etwas vor, als sie durch den Schnee stapfte. Es war ein Vierzeiler, an den sie sich aus ihrer eigenen Kindheit erinnerte. Sie hatte keine Ahnung, wohin sie ging, bewegte sich einfach über eine Stunde lang vorwärts, setzte einen Fuß vor den anderen, bis sie zum Friedhof kam. Das Schloß sprang wie durch Zauberhand auf, und die großen Tore schwangen quietschend zurück, ohne daß sie auch nur »Sesam öffne dich« hätte sagen müssen. Sie war jetzt müde. Ihre Füße schleppten sich über den eisigen Kies, der Mond stand hoch am Himmel, an Karl Marx' Bart hingen Eiszapfen. Sie stolperte zwischen den von Reif überzogenen Grabsteinen entlang, wischte Schnee von den Inschriften, fand endlich den Stein, den sie suchte... ein Gesicht, dem ihren nicht unähnlich, einem theatralischen Engel aufgesetzt, von wildem, präraffaelitischem Haar gekrönt.

Dankbar sank sie auf die Knie. Ihre Stimme war klar und scharf wie Eis, hing wie eine Wolke in der lauschenden Luft.

»Georgie«, sagte sie und tätschelte ihren Bauch, »wir sind daheim.«

Mrs. Ethel Darnes, die ihrem lange verstorbenen Ehemann Norman einen Besuch abstattete, fand sie. Steif wie ein unbegrabener Kadaver lag sie auf dem ungepflegten Grab. Die Bewohner eines Spinnennestes, das zwischen den Windengewächsen verborgen war, hatten in der Nacht begonnen, eine Decke aus seidigen Fäden um den Körper zu weben, die ihn gegen die Kälte schützte.

»War schon gespenstisch«, erzählte Mrs. Barnes, als sie auf der Wache ihre Aussage machte. Sie schmückte die Geschichte für die wartenden Presseleute noch etwas aus. »Da lag sie, weiß wie ein Geist. Und lächelte. Ich bitte Sie... Sie lächelte! Als hätte sie keinerlei Sorgen auf der Welt. Äh, sie ist doch in Ordnung, die Kleine? Wird doch nicht sterben?«

»Nur ein bißchen unterkühlt«, beruhigte sie der Polizist. »Ein paar Tage im Krankenhaus, dann geht es ihr wieder bestens.«

»Was hat sie da überhaupt gemacht?« wollte die alte Dame wissen. Auf ihre Erleichterung folgte Verwirrung. »Mitten in der Nacht, und mitten im Winter?«

»Keine Ahnung«, meinte der Sergeant achselzuckend. »Keine Anzeichen von Drogen. Kein Alkohol im Blut. Mysteriös. Es war das Grab einer viktorianischen Schauspielerin. Keine Berühmtheit.« Er warf einen Blick in sein Notizbuch. »Sarah Irgendwas. Zu Ihnen hat sie wohl auch nichts gesagt, was Licht in die Sache bringen könnte?«

»Nichts, was irgendeinen Sinn ergeben hätte. Sie war ganz und gar mit Spinnen übersät.« Mrs. Barnes schauderte bei dem Gedanken. »Tausende dieser Ekel krabbelten auf ihr herum. Ich hab' versucht, sie fortzuwischen, aber ihr schien das völlig egal. Setzte sich einfach auf, und die Dinger rieselten wie Konfetti aus ihrem Haar. Und was glauben Sie, hat sie gesagt?«

Der Sergeant schüttelte den Kopf.

»Lassen Sie nur, hat sie gesagt, die machen mir nichts aus, hat sie gesagt. Es gibt auf dieser Welt Schlimmeres als Spinnen, hat sie gesagt. Was sie wohl damit gemeint hat?«

## Nancy Holder
## Lady Madonna

Es geht los.

Es geht los, und es tut gar nicht so weh. Es schmerzt viel weniger, als ich dachte. Nicht daß mir das etwas ausmachen würde. Mir ist egal, wieviel Schmerzen ich ertragen muß für mein Baby.

Ich darf nicht schreien. Ich darf keinen Laut von mir geben. Wenn sie etwas hören, kommen sie. Und vernichten uns. Ich habe nicht vergessen, was das erstemal geschah. Ich werde es nie vergessen.

Da kommt sie. Die Wehe. Oh, oh, Scheiße, es *tut* weh. Wie konnte ich nur vergessen, wie das war? Was sagte Margaret? Es ist, als würde man eine Wassermelone aus sich herausquetschen. Ja. Eher einen Elefanten. O Gott, ich sollte sie anrufen. Ich bin mir doch nicht sicher, ob ich das allein durchstehe. Aber was ist, wenn sie ihnen Bescheid gibt? Ich bin mir nicht sicher, ob ich ihr noch trauen kann. Ich glaube nicht, daß sie mir die Geschichte mit Bryan geglaubt hat.

Ich friere. Es gibt keine Heizung hier, und die Matratze ist durchnäßt. Ich hoffe, die Fruchtblase ist geplatzt. Ich hoffe, es ist kein Blut. Es riecht nicht wie Blut – und glauben Sie mir, ich weiß, wie Blut riecht. Alles, was ich rieche, ist Schmutz, Moder und mein eigener Schweiß. Aber ich bin so naß! Ich wünschte, ich könnte nachsehen, aber ich kann nicht mal meine Taschenlampe anmachen. Ich muß es im Dunkeln hinter mich bringen, wie ein Tier. Ich bin wütend. Ich habe schreckliche Angst.

Aber es ist die Sache wert. Ich darf nicht vergessen, es wird es ganz sicher wert sein.

Aber muß es so weh tun?

Ich erinnere mich, wie es mit Bryan war. Sauber und aseptisch, mit gestärkten Laken, hinterher Bouillon und lächelnde Gesichter. Die Schwestern trugen Parfüm und Make-up und strahlten mich an. An der Wand hing ein Bild der Mutter Gottes und ein Kruzifix. Die Nonnen waren da, in Schwarz und Weiß gehüllt, wie es sich gehörte. Bräute Christi, aber so alt. Zu alt für einen dreiunddreißigjährigen Mann. Denn Jesus ist immer dreiunddreißig, wissen Sie.

Bryan. Mein hübscher Junge. Ich erinnere mich, wie sehr ich ihn wollte. Ich habe alles versucht. Ich erinnere mich, wie ich im Schnee zur Kathedrale ging, um zu beten: Heilige Maria voll der Gnade. Himmel und Erde sind erfüllt von deinem Ruhm. Einen Sohn, Heilige Mutter Gottes, gib mir einen Sohn. Gib mir ein Baby. Gib mir ein Kind.

Früher ließen die Könige ihren Frauen die Köpfe abschlagen, wenn sie ihnen keine Söhne gebaren. Aber mir war es egal, ob mein Baby ein Junge oder ein Mädchen sein würde. Ich wollte nur jemanden, den ich mein eigen nennen konnte. Ich hatte nichts auf dieser Welt. Ich hatte niemanden. Die Heilige Mutter würde meine Bitte sicher verstehen. Sie hatte eine Familie. Sie wurde geliebt. Sie war eine Königin, die alles hatte. Sie stand an oberster Stelle in der Welt und konnte mir geben, was sie wollte. Ich wußte, wenn ich meinen Teil erfüllte, erfüllte sie ihren.

Mein Gott! Das reißt mich innerlich entzwei! Ich schaffe es nicht. Ich brauche Hilfe.

Aber niemand wird mir helfen. Das ist das Schreckliche. Ich kann durchdrehen, ich kann jemanden rufen. Aber sobald sie sehen, sobald sie wissen…

Denk an andere Dinge. Denk an die Mutter Gottes.

Ja. Ich habe zu ihr gebetet. Ich habe wie eine Irre gevögelt. Ich wußte, sie würde es verstehen. Es geschah nicht aus Lust; ich habe weder das noch etwas anderes genossen. Alles, was ich wollte, war ein Baby. Ich wollte das Gewicht eines Kindes in meinem Bauch spüren, spüren, wie es aus meinem Leib in die Welt hinauskriecht. Ich wollte es auf meinen Armen tragen und an meiner Brust nähren. Ich wollte den Duft eines Babys riechen und dieses Baby lächeln sehen. Mein Kind. Mein geheiligtes Kind.

So betete ich zur Mutter Gottes, während ich mit irgendeinem Mann schlief – der gewöhnlich nicht besonders gut aussah, nicht besonders intelligent war, noch nicht einmal besonders sauber –, und ich keuchte und stöhnte, damit er kam und ich sein gutes, süßes Sperma kriegte. Ich dachte an das liebe, geduldige Lächeln der Heiligen Maria und bewegte mich schneller und heftiger. Die Kerle mochten das. Es waren Hunderte. Ich habe keine Ahnung, wer Bryans Vater war. Ich meine, sein irdischer Vater. Denn ich bin felsenfest überzeugt, Bryan war ein Geschenk Gottes.

Dann kam der Tag. O Gott, o Gott, o Gott. Halt durch. Halt durch. Ich schaff das nicht.

Der Tag. Kam.

Ja. Ich wußte, ich war schwanger, bevor der Arzt es mir sagte. Tief in mir spürte ich einen Lebensfunken. Es war wie ein geistiger Orgasmus. Ich zündete hundert Kerzen für die Mutter Gottes an und gab alles, was ich besaß, den Armen. Ich war die strahlendste schwangere Frau auf der ganzen Welt. Der Arzt staunte über meine Gesundheit, über meine Freude. Er sagte, es sei schön, eine Frau zu sehen, die über ihre Schwangerschaft so rückhaltlos glücklich sei. Rückhaltlos, sagte er. Ich erinnere mich genau, so etwas würde ich nie vergessen.

O Gott, *Gott* ...

Warum rufe ich nach Gott? Das ist vorbei. Vorbei.

Ich ging in die Kathedrale und dankte der Mutter Gottes. Das Innere des heiligen Ortes war von Weihrauch und Kerzenlicht erfüllt. Ich hörte die Chorknaben proben. Und sie stand da mit weit ausgebreiteten Armen, Rosen zu ihren Füßen, und ich geriet ins Grübeln: Letztlich war sie doch keine so großartige Mutter. Seht nur, was sie mit ihrem Sohn machen ließ. Wo war sie, als sie ihm den Rücken blutig peitschten? Und Nägel durch seine Hände trieben? Eine wirkliche Mutter hätte ihn beschützt. Hätte alles getan, um ihn vor Schaden zu bewahren.

Scheiße, Scheiße, *Scheiße.* Ich war bei der Schwangerschaftsgymnastik, aber das ist lange her. Ich blähe die Backen auf und stoße die Luft prustend aus. Es schmerzt zu sehr. Ich kann nicht.

Ehrwürdige Mutter. Diese Mutter war ein bißchen zu ehrwürdig. Eine gute Katholikin vielleicht...

Kurz bevor Bryan geboren wurde, wurde Margaret überfallen. Überfallen? Warum nennt man das überfallen? Der Mann hat sie geschlagen. Er stahl ihre gesamten Habseligkeiten, es war wenig genug. Ich glaube, sie wurde vergewaltigt, aber sie hat es nie zugegeben. Sie hatte einen Nervenzusammenbruch. Sie war nie mehr die alte.

Ich erkannte, in was für einer schlechten Welt wir leben. Das atomare Wettrüsten, die Umweltverschmutzung, die Verbrechen. Ich sah, was mit einem wunderbaren Menschen wie Margaret geschehen konnte. Sollte ich daneben stehen wie die Mutter Gottes, dieses kranke, rührende Lächeln aufsetzen und mein Kind in einer solchen Welt aufwachsen lassen?

Dann wurde er geboren und in meine Arme gelegt. Ich kann Ihnen nicht sagen, wie sehr ich ihn liebte. So süß, so sanft, so hilflos. Ich brachte ihn nach Hause und verschloß alle Türen und Fenster. Niemand durfte ihn sehen, außer dem Priester, nicht einmal Margaret. Nachts band ich eine Schnur um seine kleine Hand und befestigte sie an meinem Gürtel. Ich hatte ein Messer und eine Pistole unter meinem Kissen, falls jemand ihn angreifen wollte.

Gesegnete Mutter, ach, hilf mir. Aber ich kann nicht mehr zur Heiligen Maria beten. Egal. Wie könnte sie schon helfen?

Eines Tages sahen wir fern, oder besser gesagt, ich sah fern. Bryan saugte gerade an meiner Brust. Ich glaube, es war ›Leave it to Beaver‹. Aber plötzlich kam mir der Gedanke, daß Bryan nicht immer ein Baby bleiben würde. Und ich würde ihn vor der Welt nicht beschützen können, weil auch er einmal den Wunsch haben würde, in die Welt hinauszugehen, wie der Junge im Fernsehen.

Nein. Nein, nein, nein. Das durfte er nicht. Er durfte das nicht.

Ich glaube, in diesem Augenblick erkannte ich den Fehler der Mutter Gottes. Jetzt, da ich schlauer bin, kann ich nicht begreifen, wie dumm sie war. Wenn Jesus nämlich nicht in die Welt hinaus *gekonnt* hätte...

Lange dachte ich darüber nach, ob ich das Richtige tat. Ich erwog die verschiedensten Möglichkeiten. Seine dicken glatten Beinchen abschneiden? Aber es gab Rollstühle. Sein Rückgrat verletzen? Dabei hätte ich ihn umbringen können, was ich natürlich nicht wollte. Ich konnte mich einfach nicht entscheiden, was ich tun sollte, also betete ich wieder zur Mutter Gottes.

Und mir wurden diese Worte eingegeben: *die weiche Stelle am Kopf*. Er war noch ein winziges Baby, sehr zart, verstehen Sie...

Und es funktionierte! Er überlebte es, und er würde nie mehr hinausgehen wollen.

Alles wäre perfekt gewesen, aber dann bemerkte ich, daß ich einen furchtbaren Fehler begangen hatte: Ich hatte gesündigt. Ich war eine Sünderin. Und Bryan war getauft worden – dumm von mir, klar, aber ich hatte mir die Sache nicht gut genug überlegt. Er würde nie zur Verantwortung gezogen werden – er würde nie eine Sünde begehen können, verstehen Sie. Also würde ich in die Hölle kommen und er in den Himmel.

Welche Qual! Ich habe Bilder der Pieta gesehen. Jesus liegt auf dem Schoß der Heiligen Mutter Gottes, und sie hat immer noch das gleiche leere Lächeln im Gesicht. Eigentlich sollte sie vor Kummer vergehen, aber sie lächelt. Weil sie erwartet, ihn im Himmel wiederzutreffen. Sie läßt ihn leiden – glaubt, weil sie unschuldig geboren wurde, sei sie auch rein geblieben, aber Gott, nun ja, Gott hat sie ja schließlich vergewaltigt. Im Grunde ist sie ziemlich befleckt.

Sie sollte schreien, toben! Was habt ihr mit mir gemacht? Mit meinem Sohn? Ihr Scheißkerle! Sie sollte es diesen Römern mit einer Axt geben. Sie hätte den Zorn Gottes auf sie herabbeschwören sollen.

Passiv. Unglaublich passiv.

Ich jedoch, ich habe die Sache in die Hand genommen. Ich konnte mich beglückwünschen, wenigstens einen Versuch gewagt zu haben. Aber je mehr ich über meine Tat nachdachte, um so offensichtlicher wurde, daß ich nur sichergestellt hatte, daß Bryan und ich für alle Ewigkeit getrennt sein würden.

Mir wurde klar, ich mußte noch einmal von vorn beginnen.

O *nein*! Ich werde schreien. Ich schreie. Ich schreie! Ich schreie!

Jetzt wimmere ich. Ich lausche. Niemand kommt, Gott sei Dank. Seit sieben Monaten lebe ich nun schon in diesem Loch – das Haus sollte eigentlich schon vor zwei Monaten abgerissen werden, aber ich weiß ja, wie die Bürokratie arbeitet; ich war früher Sekretärin bei der Planungskommission – und ich glaube, sie sind es gewöhnt, daß Hausbesetzer und Junkies ab und zu Radau machen. Ja, hier leben Dealer und anderer Abschaum – deshalb das Messer – habe ich die Pistole schon erwähnt? Habe ich schon erwähnt, daß gestern hier einer einzudringen versuchte?

Vielleicht wäre ich in Margarets Haus sicherer gewesen. Aber ich kann ihr nicht trauen, verstehen Sie. Und all die Leute, mit denen sie zusammenlebt – der Mann, die kleinen Kinder, die alte Oma. Und ich habe Todesangst, daß jemand den kleinen Bryan unter der Hundehütte finden könnte. Die Polizei sucht noch immer nach ihm, aber wenn Gott ein Erbarmen hat, ruht er in Frieden.

Dennoch wäre es wunderbar, irgendwo zu sein, wo es

sauber und warm ist. Ich könnte in dem Bett mit den pinkfarbenen und grünen Laken liegen mit einer Kanne Schokolade auf dem Nachttisch.

Die Mutter Gottes hat in einem Schweinestall geboren. Das ist das mindeste, was ich tun muß.

Gebären treibt einen zum Wahnsinn. Es ist eine der passivsten Angelegenheiten, die man sich vorstellen kann – brüllend und keuchend liegt man da, während die Ärzte alles in die Hand nehmen. So war es das erstemal, man nannte mich »Liebe« und »Schätzchen« und sagte mir, wann ich atmen und wann ich pressen sollte. Wenn ich bloß nicht auf sie gehört hätte, wenn ich mich einfach aufgesetzt und gesagt hätte: »Nein! Ich will nicht!«

Ruhig. Ich muß ruhig bleiben.

Die Mutter Gottes habe ich aufgegeben. Sie war nicht schlau genug, nicht mutig genug. Ganz gewiß konnte sie nicht genügend lieben, mit ihrem dämlichen Lächeln, ihren Rosen und ihren Hoffnungen. Also habe ich statt dessen zum Teufel gebetet. Und er kam zu mir.

Er war schön, leuchtend rot, mit einem riesigen Penis und runden, festen Hoden, ich wußte, daß sie von Sperma strotzten. Kein Sterblicher reicht an den Teufel heran. Er ist muskulös, kräftig und sehr groß. Seine Haarfarbe ändert sich mit seiner Stimmung – blond, wenn er zu Späßen aufgelegt ist, schwarz, wenn er zornig, streng oder verliebt ist. Der Teufel kann sehr verliebt sein. Ich habe mir nie etwas aus Sex gemacht, bis ich mit dem Teufel schlief.

Nur ein einziges Mal verletzte er meine Gefühle, als er mich Margaret nannte. Ich erinnere mich, daß ich von ihm weggerollt bin und fragte: »Schläfst du mit ihr auch?«

»Natürlich nicht, Liebste. Natürlich nicht, mein Schatz. Komm wieder ins Bett.« Dann packte er mich am Handgelenk und zerrte mich auf die Matratze zurück. Er nimmt sich, was er will. Er ist ein wirklicher Mann. Nicht wie Margarets Mann, der daneben stand und diese schrecklichen Dinge mit ihr geschehen ließ. Von einem solchen Mann könnte ich mich nicht berühren lassen.

Der gesegnete Vater der Hölle hat mich geschwängert und mir versprochen, er würde mich und das Baby mit zu sich hinunter nehmen, damit wir in Ewigkeit bei ihm bleiben, Amen. »Laß es nur nicht taufen«, sagte er.

Das hatte ich auch nicht vor. Ich war glückselig. Ich tat alles, was er mir sagte. Ich kann mich an diese Wochen überhaupt nicht mehr erinnern, aber ich weiß, wir waren glücklich.

Aber dann kam ich an einer Kirche vorbei und die Heilige Mutter Gottes lockte mich hinein. Ich weiß jetzt, daß sie eifersüchtig war. Ich meine, ein Kind von Gott zu bekommen, ist wie lebenslänglich in einem Harem eingesperrt zu sein. Eingeschlossen mit gesichtslosen Nonnen, die dir sagen, wie man gut und lieb wird. Daß man sich sauber und ordentlich halten und sauber und ordentlich denken soll; daß man freundlich sein und auch andere dazu anhalten soll, und wenn sie einen verletzen, dann heißt es bloß, wisch das Blut auf, bleib sauber, halt die andere Wange hin...

Mein Gott! Mein Gott! Bei Bryan hat es nicht so weh getan.

Nun, natürlich nicht. Natürlich, natürlich.

Die Mutter Gottes zwang mich, den Priester zu fragen, ob ein ungetauftes Kind in die Hölle komme. Und der Priester fragte mich, ob ich Katholikin sei, weil das zu den Grundlehren des Katechismus gehöre. All die ungetauften Babys kamen früher in die Vorhölle, heute kämen sie ins Fegefeuer, und wenn der Herr wiederkehrt, wird Er sie in Seine Arme nehmen und gen Himmel tragen.

Ich war verwirrt. Keine Vorhölle? Seit wann gibt es keine Vorhölle mehr? Ich blieb hartnäckig. Ich fragte, was passiere, wenn das Baby... mit einem Makel behaftet sei? Er sah mich befremdet an und bat mich, das zu erklären.

Ich ging weg. Ich war erschüttert. Ich dachte über

meine früheren Fehler nach – besonders über Bryan – und ich fragte mich, ob sich der Teufel irren konnte. Was wäre, wenn ich ohne unser Kind in die Hölle käme? Kann der Sohn des Teufels in die Vorhölle kommen? Ich meine, ins Purgatorium?

Dann kam mir der Gedanke, daß ich das, was ich mit Bryan getan hatte, bereuen könnte. Die Möglichkeit bestand immer noch. Wenn ich bereute und mir vergeben wurde, dann könnte ich dem kleinen Bryan eines Tages in den Himmel nachfolgen – ach, aber nur, wenn mir vergeben wurde. Man sagt, Gott vergibt alles. Aber ich habe mit seinem Widersacher geschlafen und halte seine Mutter für eine rückgratlose Idiotin. Und wahrscheinlich trage ich den Anti-Christ in mir.

O nein, ich habe wieder geschrien. Bestimmt hat mich diesmal jemand gehört. Die Schreie hallen wider. Meine Schenkel sind voller Blut, glaube ich. Es ist stockdunkel hier drin.

Nein, nein, nein, nein.

Dann kam *sie* zu mir. Die schöne Frau, die behauptete, sie sei Sozialarbeiterin. Sie sagte, sie wollte mit mir über das Baby sprechen. Ob ich eine Adoption in Erwägung gezogen hätte? Es war offensichtlich, daß der Priester sie geschickt hatte. Sie waren also hinter mir her. Daraufhin bin ich hier eingezogen.

Und ich habe von ihr geträumt. Ich sah sie mit dem Teufel, meinem Teufel, sie küßte und liebkoste ihn, und ich erkannte, wer sie war: Lilith, Adams erste Frau, die eine Hexe war. Vor Äonen wurde sie die Gefährtin des Teufels und herrscht mit ihm in der Hölle – *und sie stiehlt Kinder*. In der ganzen Welt ist sie bekannt dafür, daß sie die Seelen der Kinder stiehlt, sobald sie auf die Welt kommen.

Betrüger! Herr der Lügen! Der Teufel hat mich geschwängert, damit er ihr mein Baby geben kann. Er hat mir das Herz gebrochen, dabei habe ich ihn so geliebt. Ich habe mich ihm hingegeben, und die ganze Zeit hatte er eine andere. Er wollte mir mein Baby wegnehmen. Er will es immer noch!

Aber ich werde dieses Baby niemandem geben. Gott hat mir mein erstes genommen. Dieses gehört mir. Dieses darf ich lieben. Mich hat nie jemand geliebt, und ich verdiene doch auch jemanden!

Dann erkannte ich, daß ich mich dem Teufel gegenüber passiv verhalten habe, genauso passiv wie die Heilige Maria gegenüber Gott. Ich war sein Werkzeug geworden. Ich erinnere mich an die leeren Tage und Nächte, als ich mich ihm unterwarf und nur süße, bedingungslose Freude verspürte, daß er Gefallen an mir fand. Wie Eltern an ihrem Kind, oder besser gesagt, wie die Heilige Maria und Gott. Für wen hielt er sich eigentlich?

»Versuch mir dieses Baby wegzunehmen!« schrie ich ihn an. »Versuch es nur!«

»Du mißverstehst mich«, antwortete er, aber ich glaubte ihm nicht mehr. Er kann sehr durchtrieben sein, müssen Sie wissen.

Ich war verzweifelt. Ich wußte nicht, was ich tun sollte. Und dann das Wunder. Das beseligende Wunder. Denn mein Heiliges Kind sprach aus meinem Bauch zu mir. Sie – denn es ist ein Mädchen – sie sagte:

*Gegrüßet seist du Maria voll der Gnade. Gebenedeit bist du unter den Frauen und gebenedeit ist die Frucht deines Leibes.*

Wir sprachen miteinander. Es war, als läge sie bereits in meinen Armen und redete mit mir. Zwischen Mutter und Kind, zwischen Wesen, die so miteinander verbunden sind wie wir, gibt es eine besondere Nähe.

Bei Bryan sagten sie mir, ich solle pressen. Wenn sie das nicht getan hätten, wenn sie mir nicht auf diese Weise geholfen hätten, hätte ich ihn jetzt, meinen schönen Jungen. Ich war zu vertrauensselig, zu hoffnungsvoll, zu unschuldig. Aber seine Halbschwester, mein Baby, das mich nie verlassen wird, hat mir gesagt, was ich tun soll.

Der Schmerz bringt mich um, und ich bin froh darüber. Es ist aus mit mir. Endlich. Die Schnur, die ich um meine Schenkel gebunden habe, hat mir ins Fleisch geschnitten. Sie sitzt so fest, daß meine Knie eine einzige blutige Masse sind. Meine Handgelenke bluten von den Handschellen. Aber dieses Blut ist freudig vergossen worden, für sie, für das Lamm.

Ich schreie. Ich beiße in meine Fesseln. Ich kämpfe, um meine Beine zu spreizen. Die Wehe, o *Gott*!

Aber ich halte durch. Aus Liebe für mein Kind halte ich durch. Ich kann es!

Unter Tränen lächle ich. Ich bin eine wirkliche Frau, keine blasse Rose von Saron. Mir ist es zu verdanken, daß wir auf ewig vereint sind, Körper und Seele. Wir sind eins. Wir werden immer eins sein. Niemals wird man uns trennen. Gibt es größere Liebe?

Ich lächle.

Wir haben es fast geschafft, kleiner Liebling.

Wir

Ich bin

Lisa Tuttle
# Aus einem anderen Land

In diesem Sommer wurde Alida auf die gleiche Art auf den Tod aufmerksam, wie es ihr als Teenager mit Sex gegangen war: Er war überall in ihrer Umgebung zu finden, er widerfuhr anderen, er war unausweichlich und erschreckend, und sie mußte ständig an ihn denken.

Sie war eine Frau von dreißig, ledig, kinderlos. Sie hatte noch niemals einen Menschen verloren, der ihr nahestand. Und in diesem Sommer fanden die Ärzte einen nicht zu operierenden bösartigen Tumor im Gehirn ihres Vaters.

Wenn sie am Bett ihres Vaters saß, hätte sie ihn so gern gefragt, was für ein Gefühl das sei, zu sterben, aber sie brachte es nicht fertig, genausowenig wie sie es früher, als sie noch jünger war, fertiggebracht hatte, mit ihm über Sex zu sprechen. Es gab eben gewisse Geheimnisse, über die Eltern nicht mit ihren Kindern sprachen. Es kam ihr schon respektlos vor, ihn nach seinen Schmerzen zu fragen. Sie besuchte ihn jedes Wochenende und für gewöhnlich auch noch an einem Abend unter der Woche, und während dieser Besuche bemühte sie sich, fröhlich und ganz normal zu wirken, ihm jeden Wunsch von den Augen abzulesen und ihm seine Tabletten schon zu geben, bevor er danach verlangte. Sie sprachen wenig miteinander. Am nächsten kamen sie sich, genau wie früher, wenn sie gemeinsam vor dem Fernseher saßen und miteinander lachten. Ihr Lachen klang wie ein Echo des seinen.

Und dann sah sie wirklich und wahrhaftig den Tod.

Sie befand sich in der U-Bahn-Station Holborn und wartete nach einem ermüdenden Arbeitstag auf ihren Zug. Auf dem Bahnsteig war es heiß, und die Menschen drängten sich, und Alida musterte einen bestimmten Mann, einfach deshalb, weil er sich gerade vor ihren

Augen befand. Sie dachte an etwas ganz anderes – an ihren Vater, ein neues Paar Schuhe, an Ärger bei der Arbeit – aber sie war sich der Tatsache bewußt, daß dieser dunkelhaarige, dunkelhäutige Mann mittleren Alters einen für dieses Wetter zu warmen Anzug trug und sich immer wieder mit einer zusammengefalteten ›Financial Times‹ Luft zufächelte.

Sie beobachtete, wie ihm die eigene Zeitung ins Gesicht schlug, als er sie fallen ließ, wie er gleichzeitig selbst schwerfällig und plump zu Boden fiel. Seine Arme und Beine zuckten steif und unkontrolliert. Wahrscheinlich war er bereits tot, als er auf dem Boden aufschlug. Alida brauchte keine ärztliche Diagnose, um ihren Eindruck zu bestätigen; sie schien das ganz instinktiv zu wissen, und zwar mit der gleichen Sicherheit, mit der sie wußte, daß sie lebte.

Obwohl er ja für sie ein Fremder gewesen war, hinterließ sein Tod einen starken Eindruck bei ihr. An diesem Abend konnte sie nicht einschlafen. Immer wieder sah sie ihn vor ihren Augen sterben, als sei die Dunkelheit ihres Zimmers ein Bildschirm, auf dem der Film ihrer Erinnerung ablief. Sie bemerkte weitere Einzelheiten – das Muster seiner Krawatte, die abgewetzten Stellen an seinen Schuhen – und sie sah die einzelnen Menschen, aus denen sich die Menge zusammensetzte, in der er starb. Ein Mädchen mit einem rosa Kleid und weißen Kunstfaserstiefeln, das gerade ›Der Clan des Höhlenbären‹ las. Zwei schmutzige, händchenhaltende Teenager mit Punkfrisur und in schwarzes Leder gekleidet. Eine Gruppe von Amerikanerinnen, die sich laut über ›Cats‹ unterhielten. Dann standen da noch ein Mann mit einem goldenen Ohrring, zwei nüchtern wirkende Geschäftsleute in dunklen Anzügen, von denen einer eine hellblaue Plastik-Aktentasche trug, eine Orientalin mit zwei puppenähnlichen Kindern, ein Mann in Schwarz –

Ein Mann in Schwarz, der vorher noch nicht dagewesen war, und der hinterher nicht mehr da war: der Tod.

Alida setzte sich im Bett auf, rang nach Luft und schloß die Augen, um besser sehen zu können.

Ein Mann in Schwarz.

Ganz dicht bei dem Mann, der gestorben war. Sie sah, wie er seine Hand ausstreckte. Er hatte den Mann berührt. Wann? Vor oder nach dem Zeitpunkt, an dem die Zeitung herunterfiel? Konnte es nicht Zufall gewesen sein? Einfach nur ein Mann mit schwarzem Anzug inmitten so vieler anderer in Grau oder Blau oder Braun –

Aber sie konnte sein Gesicht nicht erkennen, im Gegensatz zu den Gesichtern all der anderen. Und als der Mann tot war, war er verschwunden. Einfach weg, als habe es ihn nie gegeben.

So sehr sie sich auch abmühte, sie konnte einfach sein Gesicht nicht erkennen und auch nicht, wohin er nach dem Tod des Mannes verschwand. Als sie gegen Morgen endlich einschlief, träumte sie von dem Mann in Schwarz, wie er in der überfüllten U-Bahn-Station stand und sie beobachtete, wie er ihren Vater vor ihren Augen fallen und sterben sah.

In der darauffolgenden Woche entschloß sich Alida, statt ihres üblichen sonntäglichen Besuchs bei ihren Eltern zu Freunden zu fahren, die gerade dabei waren, ein altes Haus in Stoke Newington wieder herzurichten.

Der Tag war warm und sonnig, und als sie an der Bedarfshaltestelle Newington Church Street aus dem Bus stieg, bemerkte Alida, wie viele Leute sich draußen im Freien aufhielten: Grüppchen von trist gekleideten Teenagern, die sich an Hauswände lehnten; Frauen in leuchtenden Saris, die wie der leibhaftige Sommer den Gehweg entlangglitten; Uraltpaare, die sich im Schneckentempo vorwärtsbewegten; junge Mütter, die sich bemühten, ihre Kinder von der Straße fernzuhalten ...

Die Straße stieg in Kurven an, und der Bürgersteig war schmal. Während Alida den anderen Fußgängern auswich und sich langsam vorwärtsschob, mußte sie manchmal vom Gehweg hinunter auf die Straße treten. Das machte sie nervös, denn die Autofahrer kamen schnell um die Kurven gebraust, ohne ihr Tempo zu verlangsamen, sie schienen keine besondere Vorsicht für nötig zu halten.

Zehn Meter weiter, neben dem Tabakwarenladen und genau vor der nächsten Kurve, lag ein Golden Retriever gemütlich auf dem Bürgersteig, und eine junge Frau mit einem Baby im Buggy stand dabei, die ganz in ihr Gespräch mit zwei jungen Männern vertieft schien. Dadurch wurde der Durchgang blockiert, und das könnte gefährlich werden, sollte irgendein ungeduldiger Fußgänger im falschen Moment auf die Straße ausweichen. Aber es war nicht das Bewußtsein möglicher Gefahr, das Alida plötzlich einen Schauder den Rücken hinunterjagte, so daß sie sich auf die Zähne biß, sich über die Gänsehaut an den Armen rieb und schneller weiterging, nein, es war der Anblick des Mannes in Schwarz, der gleich hinter der Frau mit dem Baby, den beiden Männern und dem Hund wartete.

Sie hatte überhaupt keinen Zweifel, dachte keine Sekunde lang, es könne ein anderer Mann in einem gewöhnlichen schwarzen Anzug sein, denn sie erkannte ihn irgendwie in ihrem Inneren und nicht mit den Augen. Sie konnte aus dieser Entfernung ja nicht einmal sein Gesicht erkennen, welches seltsamerweise im Schatten lag, obwohl sie sich im Freien und im strahlenden Sonnenschein befanden.

Sie ging noch etwas schneller, rannte beinahe, um ihn zu erreichen, bevor er wieder verschwinden konnte. Sie mußte einfach sein Gesicht sehen und sich vergewissern, daß es ganz gewöhnlich aussah.

Neben ihr, doch unterhalb ihres Gesichtsfeldes, bewegte sich noch etwas: ein Kind. Und hinter sich hörte sie eine scharfe, aber müde wirkende Frauenstimme rufen: »Gavin!«

Alida wurde klar, daß sie einen Augenblick lang auf die

Straße treten mußte; entweder das, oder über den Hund stolpern oder riskieren, daß sie ihr Ziel aus den Augen verlor, während sie sich an den Leuten vor ihr vorbeizwängte. Sie zog das Risiko der Schnellfahrer vor.

Etwas streifte sie an der Hüfte und war vorbei. Sie dachte noch an den Hund und blickte hinunter. Es war ein rothaariges Kind, vielleicht drei Jahre alt, das sich kichernd an ihr vorbeigeschoben hatte. Hinter ihr erklang erneut, aber etwas dringlicher als vorher, die Frauenstimme: »*Gavin!*«

Der Mann in Schwarz trat vor und stand nun genau wie das Kind auf der Straße. Er streckte die Arme aus, kniete auf der Straße nieder und griff nach dem Kind, das offensichtlich seiner gar nicht gewahr wurde und geradewegs auf ihn zurannte.

Alida blickte den Mann in Schwarz nun direkt an, trotzdem konnte sie sein Gesicht nicht erkennen. Ein gleißender Sonnenstrahl, von der Windschutzscheibe eines näher kommenden Autos reflektiert, blendete sie.

Später grübelte sie immer wieder nach und versuchte herauszufinden, warum sie sich so und nicht anders verhalten hatte.

Ihr war in dem Augenblick, als der Mann in Schwarz seine Arme ausgebreitet hatte, klar gewesen: Das Kind war verloren! Der kleine Gavin würde im nächsten Moment sterben – wahrscheinlich unter einem Auto, das um die Kurve herangeschossen kam.

Die normale Reaktion – nicht einmal heldenhaft – wäre gewesen, das Kind zu packen, es an sich zu reißen und es in Sicherheit, zurück zu seiner dankbaren Mutter, zu bringen. Es wäre das Werk eines Augenblicks gewesen, nach dem Kind zu greifen. Aber sie hatte es nicht getan.

Völlig widersinnig hatte sich Alida statt dessen in die wartenden Arme des Mannes in Schwarz geworfen, in die Umarmung, die dem Kind zugedacht war.

Das nächste, was sie empfand, war Schmerz. Ein wahnsinniger Schmerz durchfuhr sie, riß ihr die Gliedmaßen aus den Gelenken und brach ihr sämtliche Knochen im Leib. Selbst ihr Aufschrei wurde ihr von den Lippen gerissen und an ihrem gequälten Trommelfell zerschmettert. Sie wurde zu einem bebenden, zerfetzten Bündel, das sich nicht einmal an den eigenen Namen erinnerte.

»Ist Ihnen nicht gut, meine Liebe?«

Als sie die Augen öffnete, war es ihr, als reiße sie die dünne Haut von einer kaum geheilten Wunde. Ihre Kehle schmerzte zu sehr, um auch nur ein Stöhnen zuzulassen. Und doch erkannte Alida, daß sie noch am Leben war. Sie stand an der Newington Church Street, lehnte an einer Hauswand, und vor ihr stand eine kleine, weißhaarige Dame mit einem Haarnetz, um die frische Dauerwelle zu schützen, einem blauen, hochgeschlossenen Kleid und einer glänzenden, viereckigen Handtasche (wie die Queen immer eine trug) und blickte sie besorgt an.

Alida sah an sich herunter und stellte fest, daß sie noch ganz war – keine Blutflecke oder Schrammen, nicht einmal die Kleidung war verrutscht, weder der Rock mit dem leuchtenden Blumenmuster noch der ärmellose Pullover.

»Was ist passiert?« fragte sie. Dann biß sie sich auf die Lippen und mußte sich wieder fest an die Mauer lehnen, als ein Nachbeben des Schmerzes sie durchfuhr.

»Ich weiß es auch nicht, meine Liebe. Ich habe nur bemerkt, daß Sie sich gegen die Wand lehnten, als könnten Sie nicht aus eigener Kraft stehen, und Sie blickten so eigenartig drein... das hat mich am meisten beunruhigt.«

»Hat... hat mich nicht ein Auto angefahren?« Alida sah an der Frau, die nachdrücklich verneinte, vorbei auf die Straße, wo der bunte Verkehr ohne Unterlaß vorbeiströmte und in der Sonne glitzerte.

Sie sah den Hund, der immer noch im Sonnenschein hechelte und die Tür zum Tabakwarenladen versperrte. Die beiden jungen Männer und die Frau mit dem Buggy waren nicht mehr zu sehen. Sie trat mit Anstrengung von der Mauer weg, weit genug, um die Kurve übersehen zu können, und wurde durch den Anblick von Gavins rotem Lockenkopf belohnt. Die Hand des kleinen Jungen lag fest im Griff seiner Mutter, als die beiden weitergingen.

Was den Mann in Schwarz betraf –

Der Schmerz, den die Erinnerung an ihn mit sich brachte, kam so plötzlich und heftig, daß sie sich auf die Zunge biß. Der Geschmack von Blut beruhigte sie.

»Es geht mir schon wieder gut«, sagte sie zu der Frau, die immer noch besorgt dreinblickte. »Es ist schon vorbei.«

»Vielleicht lag es an der Hitze«, sagte die alte Frau. »Aber ich würde trotzdem einen Arzt aufsuchen, nur um sicherzugehen. Vielleicht ist es auch das Herz, und da kann man nicht vorsichtig genug sein.«

Doch Alida wußte, daß es weder an der Hitze noch an ihrem Herzen gelegen hatte. Es war der Tod gewesen, und sie hatte ihn überlebt.

Sie ging weiter, ganz langsam, die Intensität ihres Erlebnisses hatte sie völlig ausgebrannt. Als sie an dem alten Friedhof vorbeikam, ging sie hinein und sank auf eine der niedrigen Steinbänke, um sich auszuruhen. Sie konnte ihren Freunden in diesem Augenblick noch nicht gegenübertreten. Sie würden nach einem Blick auf sie bemerken, daß etwas geschehen war, und sie wußte nicht, wie sie es ihnen erklären sollte. Sie war sich gar nicht sicher, ob sie überhaupt mit jemandem darüber sprechen wollte, denn sie erwartete ungläubiges Staunen und wollte sich nicht der Gefahr aussetzen, an ihrer eigenen Erfahrung zu zweifeln.

Sie hatte den Tod gesehen. Sie hatte ihn gespürt, durchgemacht und ihn überlebt.

Obwohl es ein so warmer Tag war, zitterte Alida. Die Agonie war immer noch gegenwärtig, ganz am Rand ihres Bewußtseins. Es war gefährlich, auch nur daran zu denken. Und doch – sie hatte es überstanden. Der Tod war genau wie der Schmerz etwas Greifbares, hatte seinen Platz im Leben wie jenes andere Geheimnis: Sex. Und genau wie Sex war er zugleich einfacher und überwältigender, als sie ihn sich in ihrer Unschuld vorgestellt hatte.

Sie fühlte beinahe so etwas wie Selbstzufriedenheit, ihrer neu erworbenen Reife wegen. Nach ein paar weiteren Augenblicken der Meditation erhob sie sich, strich ihren Rock glatt und ging ihre Freunde besuchen, als sei sie derselbe Mensch, den sie schon immer gekannt hatten.

Sie glaubte, damit sei alles beendet. Sie hatte ihre Neugier befriedigt und sich von ihrer Besessenheit befreit. Sie war mit ihrer eigenen Sterblichkeit und der anderer ins reine gekommen und mußte nicht mehr vom Tod träumen.

Aber der Tod war noch nicht fertig mit ihr. Als sie an diesem Abend mit dem Bus heimfuhr, sah sie den Mann in Schwarz wieder. Er hockte neben einer gebrechlich wirkenden alten Frau. Sein Gesicht war zum Fenster gewandt, als beobachte er die vorbeigleitende Szenerie. Später sah sie ihn an eine Tür gekauert zwischen zwei schäbigen Pennern mit einer Weinflasche, und an einem anderen Tag beugte er sich fürsorglich über ein Baby im Kinderwagen. Dann wieder folgte er verbissen den Schritten eines schwergewichtigen jungen Mannes. Der Tod war überall, und wie sie sich auch bemühte, sie konnte seine düstere Gegenwart nicht ignorieren. Selbst wenn sie den Mann in Schwarz nicht sah, fühlte sie doch seine Nähe.

Sie saß am Bett ihres Vaters und strickte an einem Pullover, während er unruhig schlief, da überkam sie die eiskalte Vorahnung des bekannten Schmerzes, und sie blickte auf.

Der Tod kam seitwärts herein, mit abgewandtem Gesicht. Er schlich sich wie ein Krebs heran, den Rücken unter dem glatten, schwarzen Anzugstoff nach vorne gekehrt, das Gesicht dicht an der blaßgrünen Tapete, als erwarte er, unbemerkt mit ihr verschmelzen zu können.

Der Atem ihres Vaters veränderte sich, klang nun rauh und flach. Alida öffnete den Mund, um ihre Mutter zu rufen, doch kein Ton kam heraus. Das Wollknäuel rollte ihr unters Bett, als sie ruckartig aufstand. Ihre Beine waren zu schwach, um sie in Sicherheit zu bringen, schwach wegen des entsetzlichen Schmerzes, an den sie sich erinnerte. Sie starrte unverwandt den Eindringling an, der sich an der Wand entlangschob. Im nächsten Augenblick würde er das Kopfende des Bettes erreichen und sich dann hinunterbeugen und ihren Vater berühren.

Es war keine bewußte Entscheidung. Sie dachte an Flucht, an den Schmerz, den sie nicht noch einmal ertragen könne, und nicht daran, sich zu opfern. Und doch konnte sie nicht daneben stehen und ihren Vater leiden sehen. Es war fast ein körperlicher Reflex, den Tod wegzustoßen –

Sie warf sich über das Bett und zum zweiten Mal in die ausgestreckten Arme des Todes. Sie empfing die Umarmung, die für einen anderen Menschen bestimmt gewesen war. Und sie umarmte ihn tatsächlich, anstatt ihn wegzuschieben. Sie hielt ihn fest, als sei er ihr heimgekehrter Liebster.

Sein Körper war wie aufgeladen. Bei der Umarmung fühlte sie, wie ihre Haut überall versengt wurde, wo sie seine berührte. Es war, als fließe ein starker elektrischer Strom von ihm zu ihr und schweiße die beiden Wesen zu einem zusammen. Er brannte sich ein auf ihrer Körperoberfläche, dann tiefer. Sie fühlte, wie das Fleisch auf ihren Knochen abschmolz und zischend wie heißes Fett heruntertropfte. Seine Arme banden sie wie weißglühende Ketten, schnitten durch ihre Arme, ihre Rippen, fanden ihr Inneres – und ihr Herz ging in Flammen auf.

Doch sie war noch am Leben. Alida wurde klar, daß sie den Schmerz überwunden hatte, auch wenn sie nicht wußte, wie ihr bloßes Bewußtsein überleben konnte, obwohl ihr Fleisch geschmolzen und ihre Knochen zu Asche verbrannt waren. Sie fand in ihren schmerzenden Körper zurück, der auf dem Fußende des Bettes lag. Sie fühlte, wie er zu heilen begann, wie ihr Blut sich abkühlte und wieder floß, wie ihre Knochen sich zusammenfügten, ihr rohes, flüssiges Fleisch sich verfestigte, und schließlich richtete sie sich auf und sah sich ängstlich im Zimmer um.

Von dem Mann in Schwarz war nichts zu sehen. Ihr Vater schlief friedlich, atmete gleichmäßig und sah besser aus als in den letzten Tagen. Sein Gesicht wirkte nicht mehr so furchterregend durchscheinend. Es war wieder ihr vertrauter, von Leben erfüllter Vater. Sie hatte seinen Tod auf sich genommen, dachte sie, und beide hatten es überlebt. Sie schloß die Augen, als ihr die Freudentränen kamen.

In den folgenden Tagen wurde Alidas Vater zusehends kräftiger. Er aß wieder mehr und klagte nicht mehr über Schmerzen. Die Ärzte hüteten sich, ihnen zuviel Hoffnung zu machen. Sie betrachteten die Vorstellung einer vollständigen Genesung genauso skeptisch, wie sie das Wunder betrachtet hätten, das Alida erlebt hatte. Sie kannte die Wahrheit. Sie hatte ihn dem Tod abgewonnen. Die unmittelbare Gefahr war vorüber, und nun konnte er sein Leben bis ins hohe Alter fortsetzen.

Alidas Freude wurde getrübt von dem Gedanken daran, was sie dabei über sich selbst erfahren hatte. Sie zog sich von Familie und Freunden zurück und begann zu grübeln.

Sie hatte ihren Vater und auch dieses fremde Kind vor dem Tod gerettet, und sie zweifelte nicht daran, daß sie das gleiche auch für andere tun könnte. Das war eine ungeheure Verantwortung, eine gottähnliche Rolle, um die sie nicht gebeten hatte und die sie nicht akzeptieren wollte. Sollte sie etwa zu einem neuen Heiland werden, der tausendmal leiden und sterben mußte, um das Leben anderer zu retten? Sollte sie ihr eigenes Leben aufgeben und durchs Land reisen, um auf Autobahnen und in Krankenhäusern den Tod seiner Beute zu berauben? Selbst wenn sie das zu ihrem Ziel machte, wußte Alida doch, daß sie den Tod nicht besiegen konnte. Sie konnte nur einige wenige retten unter all den Millionen, die er jedes Jahr zu sich rief, und so sollte es ja auch sein. Sie würde gern wieder leiden, um damit ihre Mutter oder eine Freundin oder irgendein unschuldiges Kind zu retten, aber warum sollte sie den Alten oder den Bösen helfen, dem rechtmäßigen Tod zu entrinnen?

Alida beschloß, auf den Zufall und ihren Instinkt zu vertrauen. Sie würde den Tod nicht suchen, aber sie würde ihre Fähigkeit gebrauchen, wenn sie das Gefühl hatte, es müsse sein.

In den Tagen und Wochen nach dieser Entscheidung wurde Alida immer wieder des Mannes in Schwarz gewahr, aber jeweils nur für einen kurzen Augenblick. Sie sah ihn auf der anderen Seite einer belebten Straße oder in einem vorbeifahrenden Auto, oder sie schauderte im Griff einer Vorahnung, wenn irgendein Fremder sich an ihr vorbeidrängte. Sie glaubte, sich ihrer Freiheit wegen glücklich schätzen zu müssen. Sie war nicht gezwungen, eine Entscheidung zu treffen; sie mußte nicht wieder sterben. Aber sie war ruhelos und gereizt. Sie schlief schlecht, aß wenig und wartete ständig, auch auf gewisse Art neugierig, auf den nächsten Tod.

Sie begann erneut vom Tod zu träumen, aber nun erlebte sie im Traum nicht mehr den Verlust oder den Wiedergewinn geliebter Menschen, nun träumte sie von dem Mann in Schwarz. Wenn sie einschlief, befand sie sich in der Dunkelheit und suchte ungeduldig, zog an seinem Arm, drückte sich an ihn und bemühte sich, sein Gesicht zu sehen. In ihren Träumen wurde der Schmerz zu Lust, und statt sich vor der Agonie zu fürchten, sehnte sie sich nach seiner Umarmung. Langsam sickerte diese Sehnsucht auch in ihr waches Bewußtsein ein, und sie mußte vor sich selbst zugeben, daß die möglicherweise geretteten Leben für sie gar nicht wichtig waren. Sie sehnte sich nur nach dem Tod.

Aber es schien, daß der Tod diese Sehnsucht nicht erwiderte. Obwohl sie früher geglaubt hatte, ihre Obsession mit dem Tod hätte den Mann in Schwarz zu ihr hingezogen und es ihr ermöglicht, ihn zu sehen, wo andere nichts sehen konnten, vollbrachte ihre Sehnsucht das gleiche Kunststück nun nicht mehr. Sie glaubte sogar fast schon, sie bewirke das genaue Gegenteil, ihr Eifer könne sie bei der Suche behindern. Der Tod sah sie vielleicht nicht mehr als seine Liebste, sondern als eine Bedrohung an, eine gefährliche Rivalin, die seine auserwählten Opfer stahl.

Sie fing an, die Unfallstationen der Krankenhäuser zu besuchen, doch obwohl sie die Gegenwart des Todes öfters spürte, war sie niemals in der Lage, sich ihm so weit zu nähern, daß sie ihn berühren konnte. Sie ging nicht mehr zur Arbeit und trieb sich statt dessen Tag und Nacht auf der Straße herum, doch sooft sie auch den vertrauten schwarzen Anzug erspähte, verschwand er doch wieder, wenn sie versuchte, ihm zu folgen. Sie las in der Zeitung vom Wirken des Todes und sah es in den Nachrichtensendungen: Verhungerte in Afrika, eine Autobombe in Irland, ein verrückter Maschinengewehrschütze in Los Angeles …

Und dann all die Todesanzeigen, all die kleinen privaten Tode, die sich jenseits ihrer Gegenwart abspielten, unerreichbar für sie. So viele starben, so viele, die nicht zu sterben brauchten. Warum durfte sie nicht eingreifen? Warum konnte sie niemanden mehr aufspüren, der gerade mit Sterben dran war? Nur in ihren Träumen fand sie Erleichterung, und die wurden immer seltener, da ihr das Schlafen immer schwerer fiel.

Alida war es selbst nicht bewußt, in welchem Maße die Verzweiflung sie bereits gepackt hatte, bis sie sich eines Morgens im Bad dabei ertappte, daß sie das aus einem

Finger herausquellende Blut fasziniert anstarrte. Den Schnitt hatte sie sich bei einem nur halbbewußten und erfolglosen Versuch zugefügt, die Klinge aus einem Plastik-Einwegrasierer herauszuziehen.

Sie bemerkte den Schmerz kaum, aber der Anblick des hellroten Blutes brachte sie zur Besinnung. Sie blickte in den Spiegel und sah zum ersten Mal, wie blaß und dünn und hager sie geworden war. Wie nahe sie dem Tod schien, wenn man sie so betrachtete. Sie wandte den Blick von ihrem Gesicht und sah sich um. Doch selbst ihr Blick war unstet; sie suchte ständig nach dem Mann in Schwarz, bemühte sich immer, dieses bisher noch verborgene, unbekannte Gesicht zu erspähen. Alles, was sie tat, tat sie in dem Bemühen, ihn zu sich zurückzurufen, aber sie wußte, daß sie sich nicht das Leben nehmen durfte, außer, sie resignierte vollständig. Sie wollte nicht sterben – sie wollte den Tod, ihn immer wieder überleben.

Sie hatte es schon zweimal fertiggebracht, da konnte es doch nicht so schwer sein, jemand anders zu finden, der im Sterben lag? Alida wurde erst klar, daß sie sich bereits entschlossen hatte, jemanden zu ermorden, als sie ihr Opfer direkt vor sich hatte – etwas zu nahe an der Bahnsteigkante. Ein heißer Luftzug kündete vom Kommen eines Zuges. Alida hatte bereits einen Schritt nach vorn getan und die Hände zum Stoß gehoben, als sie aus dem Augenwinkel heraus mitten in der Menge den unverwechselbaren schwarzen Anzug näher kommen sah.

Entsetzen über das, was sie vorgehabt hatte, ließ sie erstarren. Der Tod verschwand. Sie konnte nicht mehr handeln. Die Menschen um sie herum drängelten und schubsten, kletterten in den Zug, während sie zurückblieb, allein mit sich und ihrem Verlangen.

Nein, es war nicht Verlangen: Sie mußte nun zugeben, daß es bereits eine Form von Besessenheit, eine Sucht geworden war. Diese Sucht hatte sie gegen den eigenen Charakter handeln lassen, beherrschte ihr Leben, ihren Verstand und ihre Willenskraft.

Aber noch nicht völlig. Sie konnte immer noch denken und sich weigern, dem nachzugeben. Sie würde sich ändern. Sie mußte. Zitternd, doch fest entschlossen trat Alida aus dem Untergrund auf die graue Großstadtstraße. Sie wollte ihre zwei Tode vergessen und sich auf das Leben konzentrieren. Sie war zu oft allein, stellte sie fest. Sie mußte sich mehr mit ihren Freunden abgeben und sich einen Liebhaber suchen.

Sie stellte sich vor, wie sie wieder einen Mann in der warmen Abgeschlossenheit ihres Bettes in den Armen hielt, wie sie ihre Beine um ihn klammern und ihren Mund auf den seinen pressen würde, ihn ganz fest halten, ihn zwingen, bewegungslos dazuliegen, seine hilflosen, schwachen Bemühungen fühlen, ihr zu entkommen, und den heißen Strom, der ihn durchzuckte, der ihn aus dem Leben riß.

Es kostete sie sehr viel Mühe, diesen Gedankengang abzubrechen. Ihr Herz pochte wild, und ihr Atem kam in kurzen, erregten Stößen – oder war das die Angst? Alida wußte nicht, was sie davon halten sollte. Sie war sich selbst fremd geworden. Sie wagte kaum daran zu denken, was sie sich im Innern wünschte. Es war, als enthielte ihr Körper zwei Menschen, und das Verlangen des einen war für den anderen unverständlich und gefährlich.

Sie lief weiter, denn das war am einfachsten und schien ihr am sichersten. Es könnte vielleicht sogar gut sein, meinte sie, so lange zu laufen, bis ihr Verstand vor Erschöpfung leer war. Sie war sich kaum bewußt, wohin sie eigentlich ging und wie die Zeit verstrich. Sie überquerte die Themse und ging weiter nach Süden. Sie bewegte sich gleichmäßig und ohne zu ermüden. Sie hatte kein bestimmtes Ziel, doch mit der Zeit wurde ihr klar, daß sie sich der Gegend näherte, wo ihre Eltern lebten. Die Dämmerung senkte sich herab – bald war es Zeit zum Abendessen, und bei ihrer Mutter gab es immer mehr als genug. Sie hatte keinen Hunger, doch für Alida war der Gedanke an ein gemeinsames Essen mit ihren Eltern ein Rettungsanker, der sie mit der Normalität verband. Sie würden sich freuen, sie zu sehen, und eine kleine Weile lang konnte sie vielleicht wieder sie selbst sein.

Ihre Eltern wohnten in einer ruhigen Seitenstraße in einem großen, etwas schäbigen Reihenhaus. Als sie um die Ecke kam, bemerkte Alida sofort die vertraute Gestalt ihres Vaters. Er war nun nicht mehr ans Bett gefesselt und fegte ganz langsam und sorgfältig die abgestorbenen Blätter von dem bunten Steinpflaster, das er in jenem Sommer im Vorgarten verlegt hatte, als Alida vierzehn wurde.

Bei seinem Anblick wurde sie von einem überwältigenden Gefühl der Liebe erfaßt. Es schien ihr, daß in diesem einen Augenblick, als sie seine langsamen Bewegungen in der Dämmerung wahrnahm, alles an ihr vorüberzog, was sie in dreißig Jahren mit ihm erlebt hatte – alles, was sie von ihm in ihrem Leben gehört und gesehen und gefühlt und gerochen hatte, all das, was er für sie bedeutete. Sie ging schneller, fragte sich, ob das Klappern ihrer Absätze auf dem Pflaster ihn dazu bringen würde, sich umzudrehen, und erwartete das bedächtige, freudige Lächeln, das sich bei ihrem Anblick über sein verbrauchtes Gesicht legen würde. Sie freute sich auf seine Überraschung.

Dann ließ etwas anderes als töchterliche Zuneigung ihr Herz schneller schlagen, denn sie erblickte etwas – jemand – jenseits der Gestalt ihres Vaters, ein Stück hinter ihm, vom Schatten des Türbogens halb verborgen: den Mann im schwarzen Anzug.

Es gab keinen Zweifel. Seine totale Bewegungslosigkeit durchfuhr sie eiskalt. Und dann, beinahe so, als wolle er ihr seine Verachtung zeigen, streckte er einen schwarzverhüllten Arm aus. Er erreichte die gebeugten Schultern ihres Vaters nicht ganz, aber wenn dieser nur einen Schritt nach hinten tat, würden ihn die Finger berühren. Und Alida konnte nichts dagegen tun. Diesmal konnte sie nicht wie vorher den Tod zuerst erreichen. Diesmal stand ihr Vater zwischen dem Tod und ihr.

Ihre einzige Hoffnung war, den Vater zum Vortreten zu

veranlassen, auf sie zu und aus der Reichweite des Todes heraus. Wenn sie ihn rechtzeitig warnen könnte, ihn zu sich rufen –

Sie schrie, rief ihn bei seinem Kosenamen aus ihrer Kindheit, den sie seit langem nicht mehr benutzt hatte, zwei Silben, die er seit fünfzehn Jahren nicht mehr gehört hatte. Vielleicht verstand er sie nicht, vielleicht hörte er nur die Angst und die Sehnsucht im Aufschrei einer Frau.

Er wandte sich um und blickte zu ihr herüber. Alida rannte schneller auf ihn zu, als sie sich jemals zuvor bewegt hatte. Sie sah, wie sich sein Gesichtsausdruck änderte, und ein Teil ihres Verstandes fragte sich, was er wohl sah, daß er so erschrak. Was es auch war: Er trat zurück und stolperte beinahe vor ihr davon.

Nach hinten in seine Reichweite – und doch nahm ihn der Mann in Schwarz nicht in seine Arme. Als sie das kleine eiserne Gartentor aufstieß und sich nach vorn warf, wunderte sich Alida nicht einmal darüber. Dann schlossen sich ihre Arme um ihren Vater, und sie hielt ihn fest und fühlte, wie er starb.

Dieser Tod war nicht wie die anderen beiden Male, die sie nur aus zweiter Hand erlebt hatte, schmerzhaft und aufgeladen von den Händen des Mannes in Schwarz. Dieser Tod war ihr eigener, und sie verschenkte ihn.

Sie spürte, wie seine Knochen wie Glas unter dem Druck ihrer Arme zersplitterten, und als sie ihre Lippen auf seine preßte, tat sie es, um seinen letzten, bebenden Atemzug aus ihm zu saugen. Sie durchstieß seine Seele und ließ das Leben heraus, pumpte seinen Körper voll mit dem Tod und ließ ihn dann fallen.

Kein Schmerz diesmal, nur eine wunderbare Erleichterung, ein starkes, zu Kopf steigendes Gefühl der Lust. Sie stand schwer atmend da, beobachtete den überschatteten Hauseingang und wartete darauf, daß der Mann in Schwarz herauskäme.

Als er kam, als er in die Dämmerung heraustrat und

sich ihr zeigte, sah sie, daß er das gewöhnliche Gesicht eines Fremden hatte. Er war nun wieder ein sterblicher Mensch und hatte die Last, die Gabe des Todes an Alida weitergereicht.

Sie faßte mit langen, kühlen Fingern nach dem menschlichen Gesicht vor ihr und streichelte es. Sie schloß seine Augen und schenkte ihm die Ruhe, nach der er sich gesehnt hatte. Sie ließ ihn neben den Mann fallen, der einst Alidas Vater gewesen war, und dann verschwand der Tod, um ihren Geschäften nachzugehen.

## Quellenhinweise

Mona A. Clee ist eine kalifornische Autorin, die im Laufe der letzten zehn Jahre eine ganze Reihe von Kurzgeschichten in den verschiedensten Zeitschriften veröffentlicht hat. Ihr erster Roman ist mittlerweile auch fertiggestellt. Im Hauptberuf ist sie Anwältin. Ihre Erzählung ›Dinosaurier‹, deutsch von Angelika Felenda, erschien erstmals unter dem Titel ›Dinosaurs‹ im ›Magazine of Fantasy & Science Fiction‹ (© 1986 Mercury Press) und wird hier mit freundlicher Genehmigung der Autorin und ihrer Agentur, Scott Meredith Literary Agency Inc., New York, abgedruckt.

Frances Garfield-Wellman wohnt seit vierzig Jahren in dem kleinen Ort Chapel Hill in North Carolina. Ihre ersten Geschichten erschienen bereits in den späten dreißiger und frühen vierziger Jahren. Sie gab dann das Schreiben zugunsten einer Lehrtätigkeit auf und begann nach ihrer Pensionierung und dem Tod ihres Mannes, des Schriftstellers Manly Wade Wellman, wieder damit. Wie schon im ersten Teil ihrer schriftstellerischen Karriere blieb sie immer der Horrorstory treu. Ihre Erzählung ›Ein Abend zu Hause‹, deutsch von Dagmar Hartmann, erschien erstmals unter dem Titel ›The House at Evening‹ im März 1982 in ›Whispers‹ (© 1982 St. David Schiff) und wird hier mit freundlicher Genehmigung der Autorin abgedruckt.

Nancy Jones Holder ist eine Autorin aus dem südlichen Teil Kaliforniens, die mittlerweile schon siebzehn Romane und mehr als dreißig Kurzgeschichten veröffentlicht hat. Die meisten davon sind Liebesromane, von denen einige auch schon in Deutschland erschienen. Sie spricht selbst recht gut deutsch und freut sich sehr, wenn sie hier veröffentlicht wird. Ihre Erzählung ›Lady Madonna‹ (deutsch von Angelika Felenda) hat den Bram-Stoker-Preis als beste amerikanische Horrorgeschichte 1991 erhalten. Sie erschien erstmals in ›Obsessions‹ (© 1991 Nancy Jones Holder). Die ›Schauergeschichte‹, deutsch von Katrine von Hutten, erschien erstmals unter dem Titel ›Blood Gothic‹ in ›Shadows‹ No. 8 (© 1985 Nancy Jones Holder). Beide Erzählungen werden hier mit freundlicher Genehmigung der Autorin abgedruckt.

Kij Johnson ist Redakteurin eines Comic-Verlags und wohnt mit ihrem Mann, einem Hund und zwei Katzen in Portland, Oregon. Sie hat mittlerweile mehr als ein Dutzend Kurzgeschichten veröffentlicht und ihren ersten Roman beendet, der dieses Jahr in den USA erscheinen wird. Ihre Erzählung ›Ferata‹, deutsch von Katrine von Hutten, erschien erstmals in ›Pulphouse‹ No. 1 (© 1988 Kij Johnson) und wird hier mit freundlicher Genehmigung der Autorin abgedruckt.

Samantha Lees Kurzgeschichten sind bereits in unzähligen britischen Zeitschriften erschienen und vor allem auch als Hörspiele gesendet worden. Inzwischen hat sie auch sechs Romane verfaßt und findet immer mehr literarische Anerkennung. Was sie ihren Lesern gegenüber selten zugibt, ist ihr Hauptberuf: Sie ist nämlich eine durchaus nicht unbekannte Schauspielerin. Ihre Erzählung ›Die Robbeninsel‹, deutsch von Anne Vogt, erschien erstmals unter dem Titel ›The Island of the Seals‹ im ›Pan Book of Horror Stories‹ (© 1977 Samantha Lee). ›Es gibt Schlimmeres als Spinnen‹, deutsch von Dagmar Hartmann, erschien erstmals unter dem Titel ›Worse Things than Spiders‹ im ›ME-Magazine‹ (© 1991 Samantha Lee). Beide Erzählungen werden hier mit freundlicher Genehmigung der Autorin abgedruckt.

Lois McMaster Bujold stammt aus Columbus, Ohio, und in diesem US-Bundesstaat wohnt sie auch heute noch mit ihren beiden Kindern. Als Schülerin schrieb sie bereits Geschichten, gab das jedoch später ganz auf. Erst mit 33 begann sie erneut zu schreiben, und die hier eingeschlossene Erzählung ›Tauschgeschäft‹ war die erste, die veröffentlicht wurde. Seither ist sie zu einer vielfach preisgekrönten Science-fiction-Autorin geworden, mit bisher neun Romanen. ›Tauschgeschäft‹, deutsch von Uta McKechneay, erschien erstmals unter dem Titel ›Barter‹ in ›Twilight Zone‹ (© 1985 Montcalm Cor.) und wird hier mit freundlicher Genehmigung der Autorin abgedruckt.

Kathryn Ptacek und ihr Mann Charles Grant sind ein echtes Horror-Paar. Beide schreiben nämlich Horrorgeschichten und -romane, beide sind bekannte und erfolgreiche Autoren und – ganz typisch für die meisten Autorinnen und Autoren auf diesem Gebiet zeichnen sie sich durch Warmherzigkeit und Humor aus! An Kathryns Erzählungen fällt immer wieder das Engagement für gequälte und mißbrauchte Frauen auf – das wird in der vorliegenden Geschichte ›Die roten Augen‹ (deutsch von Stefanie Gehrke) besonders deutlich. Sie erschien erstmals unter dem Titel ›Power‹ in ›Greystone Bay‹ (© 1985 Kathryn Ptacek) und wird hier mit freundlicher Genehmigung der Autorin abgedruckt.

Nancy Springer schreibt vor allem Fantasy-Romane – neunzehn waren es bisher – und einige davon sind auch in Deutschland erschienen. Vor allen Dingen hat sie sich in den letzten Jahren mit Jugendbüchern hoher Qualität durchgesetzt. Sie wohnt in Dallastown in Pennsylvania. Ihre Erzählung ›Aus alt mach neu‹, deutsch von Susanne Aeckerle, erschien erstmals unter dem Titel ›Turn, Turn, Turn‹ in ›Weird Tales‹ (© 1991 Nancy Springer) und wird hier mit freundlicher Genehmigung der Autorin abgedruckt.

Lisa Tuttle wurde in den USA geboren und wuchs auch dort auf, lebt aber seit dreizehn Jahren in Großbritannien. Mit ihrem Mann, einem Verlagslektor, und ihrem Kind wohnt sie nunmehr in einem kleinen schottischen Dorf. Sie hat mehrere Romane und Kurzgeschichtensammlungen veröffentlicht (in Deutschland u. a. die Romane ›Gefangen‹ und ›Ein Netz aus Angst‹) und selbst eine Anthologie mit Frauen-Horrorgeschichten herausgegeben (deutsch ›Hexenmond‹). Die Erzählung ›Salamitaktik‹ erschien erstmals unter dem Titel ›Bits and Pieces‹ in ›Pulphouse‹ No. 9 (© 1990 Lisa Tuttle); die Erzählung ›Aus einem fremden Land‹ hat den Originaltitel ›From Another Country‹ (© 1986 Lisa Tuttle). Beide Erzählungen wurden übersetzt von Birgit Luserke und werden hier mit freundlicher Genehmigung der Autorin abgedruckt.

Uschi Zietsch ist eine waschechte Münchnerin. Jahrgang 1961, Tochter eines bayerischen Ministers, studierte sie zuerst an der Uni München, brach das Studium jedoch ab und arbeitet seither im Bereich Marketing/PR. Seit ihrer Schulzeit verfaßt sie Geschichten, und 1986 erschien ihr erster Fantasy-Roman ›Sternwolke und Eiszauber‹. Seither folgten mehrere weitere Romane im Münchner Fabylon Verlag. Unterstützt wird sie in ihrem Schaffen von Mann, Hund und Kater. Ihre Erzählung ›Faschingszeit‹ (© 1994 Uschi Zietsch) wird hier mit freundlicher Genehmigung der Autorin erstmals veröffentlicht.

Die Herausgeber Birgit & Uwe Luserke sind zwei Menschen, die sich lieben.